Basiswissen

Politik / Geschichte / Ökonomie

Georg Auernheimer

Identität und Identitätspolitik

PapyRossa Verlag

Eine Übersicht aller Titel der PapyRossa-Reihe Basiswissen Politik / Geschichte / Ökonomie finden Sie unter shop.papyrossa.de/basiswissen

Luxemburger Str. 202, D-50937 Köln

Tel.: +49 (0) 221 – 44 85 45
Fax: +49 (0) 221 – 44 43 05
E-Mail: mail@papyrossa.de
Internet: www.papyrossa.de

Druck: Interpress

Die Deutsche Bibliothek verzeichnet diese Publikation in der Deutschen Nationalbibliografie; detaillierte bibliografische Daten sind im Internet über http://dnb.d-nb.de abrufbar

ISBN 978-3-89438-730-3

Inhalt

Einleitung

Seit Anfang der 1990er Jahre ist Identität nicht bloß Gegenstand der Psychologie, Identität ist zu einem politischen und, nebenbei gesagt, auch betriebswirtschaftlichen Thema geworden. Unternehmen sind um Corporate Identity bemüht. In unterschiedlichen Zusammenhängen ist von Identitätspolitik die Rede. Die hat die Aufmerksamkeit von Sozialwissenschaftler*innen und Sozialphilosoph*innen gefunden. Leitend ist der Gedanke, ihre Identität sei für die Menschen in der Moderne so bedeutsam geworden, dass sie auf eine Verkennung ihrer Selbstdefinition, auf soziale Zurücksetzung oder Missachtung mit Empörung reagieren, was zu Kämpfen um Anerkennung (engl.: recognition) führt, sobald die Betroffenen mit anderen gemeinsame Erfahrungen entdeckt haben (Axel Honneth, Nancy Fraser). Es handelt sich um die Identitätspolitik von Minderheiten oder marginalisierten Gruppen. Aber auch die politische Reaktion auf das Phantasma, die kulturelle Identität Deutschlands und Europas oder auch der White Anglo Saxon Protestants in den USA sei durch die Globalisierung und speziell durch die Einwanderung bedroht, wird meist unter Identitätspolitik subsumiert.

So ist Identität von einer psychologischen Kategorie zu einem politischen Schlagwort geworden, was nicht gerade zur begrifflichen Klarheit beigetragen hat. Nicht selten wird Identität mit den Eigenschaften verwechselt, die eine Person oder Gruppe ausmachen oder auszumachen scheinen. Eine solche Verdinglichung hat Folgen. Mit dem Wort Selbstverständnis käme man der Sache näher. Eine erste Aufgabe wird also sein, zu klären, was unter Identität zu verstehen ist.

Die Subjektform, die wir mit Identität meinen, ist die Antwort auf eine moderne Anforderung, die sich nach dem Verschwinden traditioneller Gemeinwesen aus der abstrakten Abhängigkeit von Märkten ergeben hat. Schon der Vertrag, der für die sozialen Beziehungen der Warenbesitzer konstitutiv geworden ist, verlangt die Identität der rechenschaftspflichtigen Vertragspartner. Aber nicht nur das, der einzelne muss sich dort, wo die sozialen Bande gelockert und von wirtschaftlichen Bedingungen bestimmt sind, selbst zur Gesellschaft ins Verhältnis setzen. Der doppelt freie Lohnarbeiter musste zur individuellen Reproduktion befähigt werden, um sich in der Marktgesellschaft behaupten zu können, was Identitätsentwicklung einschloss (Schubert 1984). Identität als Subjektform kann also als Antwort auf die Zerstörung der »feudalen, patriarchalischen, idyllischen Verhältnisse« von früher (Marx-Engels-Werke, MEW 4, 464) verstanden werden, sobald nicht mehr traditionelle Gemeinschaften dem einzelnen seinen sozialen Ort zuweisen (Kapitel 1).

Als Industrie und urbane Lebensweise zunehmend den Alltag vieler Menschen bestimmten, hat die Psychologie das Thema Identität entdeckt. Die neue Lebenslage verlangte nach Ansicht der Psychologen Aufmerksamkeit für die Erwartungen des sozialen Umfelds, aber auch eine Vorstellung vom eigenen Selbst. Wie eine solche Vorstellung sich entwickelt, wurde im nächsten Schritt zum Gegenstand der Forschung. Dabei stieß man auf die Bedeutsamkeit kultureller Praktiken und sozialer Partizipationschancen (Kapitel 2).

Wenn Menschen entdecken, dass ihnen solche Chancen verwehrt sind und dass alles, was ihr Selbstverständnis ausmacht, abgewertet wird, wenn sie, kurz gesagt, Diskriminierungserfahrungen machen und außerdem entdecken, dass andere mit gleichen Merkmalen dieses Schicksal mit ihnen teilen, dann werden sie den Anschluss an solche Leidensgenoss*innen suchen, um gemeinsam gleiche Rechte und gleiche Wertschätzung einzufordern. Solche Anerkennungskämpfe von Minder-

Von »**Minderheiten**« kann man bei allen benachteiligten Gruppen sprechen, wenn man als Kriterium dafür nicht ihre statistische Größe, sondern ihre geringe Repräsentation und ihren schwachen gesellschaftlichen Einfluss nimmt. »Numerische Mehrheiten können in gesellschaftlicher Hinsicht Minderheiten darstellen« (Wallerstein 1990, 102). In diesem Sinn können bis heute auch Frauen als Minderheit betrachtet werden.

heiten gilt es verständlich zu machen, wobei auch die häufig vorgetragenen Bedenken zu prüfen sind, sie würden inzwischen mehr öffentliche Aufmerksamkeit finden als sozialpolitische Forderungen. Wir werden aber auch sehen, dass es diskriminierte Gruppen gibt, die ihren Protest nicht identitätspolitisch artikulieren.

Der Vorwurf, eine »Politics of Resentment«[1] fördere die Fragmentierung der Gesellschaft (Fukuyama 2019), dürfte am ehesten auf fundamentalistische Bewegungen zutreffen. Wie sich der christliche Fundamentalismus aus sozialer Marginalisierung wie auch aus dem Bewusstsein des göttlichen Auftrags speist, so haben in islamisch geprägten Ländern demütigende Erfahrungen mit Kolonialismus und Imperialismus, auch gesellschaftliche Stagnation, verbunden mit der Rückschau auf eine glanzvolle Vergangenheit, den Impuls für islamistische Bewegungen abgegeben. Im Nahen Osten sind sie teilweise zum Instrument geopolitischer Interessen geworden (Kapitel 3).

Zwei scheinbar unvergleichbare Bevölkerungsgruppen haben mit institutioneller und oft individueller Diskriminierung zu kämpfen, die Arbeitsmigranten, speziell die türkischer Her-

1 Wörtlich: Politik der Empfindlichkeit oder des Grolls.

kunft, und die Ostdeutschen. Die Lage beider bietet eine beispielhafte Illustration für verweigerte Anerkennung. Jedoch haben beide nicht die Möglichkeit gefunden, ihren Protest auf dem Feld der Politik produktiv geltend zu machen und eine Veränderung der »Repräsentationsverhältnisse« (Hall 1994, 16) herbeizuführen (Kapitel 4).

Jede soziale Bewegung muss sich, unabhängig davon, ob sie für die Rechte von Minderheiten oder aber für Frieden, Schutz der Umwelt und andere allgemein bedeutsame Ziele kämpft, eine kollektive Identität verschaffen. Das wurde historisch früh an der Arbeiterbewegung deutlich. Das Maß der Ausbeutung im Frühkapitalismus bot zwar Anlass genug für Widerstand. Der aber setzte voraus, dass die Arbeiter*innen sich des Unrechts bewusst wurden und sich zusammenschlossen. Marx hat daher früh zwischen der »Klasse an sich« und der »Klasse für sich selbst« unterschieden (Kapitel 5).

Der moderne Staat als Nationalstaat ist daran interessiert, nein, darauf angewiesen, dass sich die Staatsbürger*innen mit ihm zumindest bis zu einem gewissen Grad identifizieren, dass sie sich der Nation zugehörig und verpflichtet fühlen (Fukuyama 2019). Deshalb sind moderne Staaten bemüht, kulturelle Gemeinsamkeiten zu stiften, unter anderem eine gemeinsame Schriftsprache zu etablieren, und zwar nicht nur mit Rücksicht auf die Erfordernisse von Verwaltung und Wirtschaft. Auch die (Re-)Konstruktion einer gemeinsamen Geschichte, das Bildungswesen und nationale Symbole sollen dazu beitragen, eine nationale Identität in den Herzen und Köpfen zu verankern. Problematisch ist dabei der Umschlag in Nationalismus (Kapitel 6).

Einen extrem militanten, vom Reinheitswahn geprägten Nationalismus vertritt die Gruppierung der »Identitären«, die mit der Angst vor der Bedrohung unserer »ethnokulturellen« Identität operiert. Ihren rassistischen Grundzug versucht sie mit der Programmatik des »Ethnopluralismus« zu verbergen (Kapitel 7).

1. Identität – eine moderne Anforderung

Eine Gesellschaft privater Warenbesitzer ist von Vertragsverhältnissen bestimmt. Im Rechtswesen und im Geschäftsverkehr ist daher die Identifizierbarkeit der Vertragspartner, speziell der Geschäftspartner, bedeutsam. Und die Vertragspartner müssen nicht nur nach bestimmten Identitätsmarkern wie Geburtsdatum, Namen etc. identifizierbar sein, sondern der A muss davon ausgehen können, dass B auch nach langer Zeit noch der gleiche bleiben wird. Die Kontinuität des Selbst ist gefordert. Das ist die subjektive Seite von Identität, die uns im Folgenden interessiert. Das verlangt in einer hoch mobilen, von ständigem Wandel gekennzeichneten Gesellschaft, in der man kaum mehr in überschaubaren Gemeinwesen lebt, ein gewisses Maß an Selbstreflexion oder Aufmerksamkeit für die Frage: wer möchte ich sein? Das verleitet auch zum Spiel mit Selbstdarstellungen. Wechsel des Lebensstils, musikalischer Vorlieben, auch religiöser Auffassungen gehört zum Bild des modernen Menschen. Identität ist »eine Erfindung der Moderne« (Bauman 1994, 389).

Je mehr die mit der kapitalistischen Produktionsweise verbundene Lebensweise die Reste traditioneller Vergesellschaftung abgestreift hat, desto mehr wurde der Anschein erweckt, dass dem Individuum nichts vorgegeben ist. »Jeder muss seine eigene Welt aufbauen«, so die Einsager in Handkes »Kaspar« (1968, 36). Jedem und jeder steht ein mehr oder weniger breites Angebot von Weltbildern, Weltdeutungen oder Ideologien für den Entwurf der Identität zur Verfügung. Solange die systemspezifischen Anforderungsstrukturen nicht in Frage gestellt werden, besteht Wahlfreiheit. Der oder die einzelne muss aber zur Verantwortung gezogen werden können, muss rechenschaftspflichtig sein. »Eben deshalb sind auch die Verweigerung der Identifizierbarkeit, die Lüge, die Verstellung ... oder das ›Untertauchen‹ gesellschaftlich geächtet (Schubert 1984, 91).

Diese Annahme aus den 1980er Jahren, also am Ende der fordistischen Phase des Kapitalismus, lässt inzwischen jedoch Zweifel aufkommen. Heute braucht man Menschen, die flexibel genug sind, kurzfristige Arbeitsverhältnisse einzugehen, gegebenenfalls Beziehungen und soziale Netze zu wechseln. Auf der »Höhe der Zeit« sind soziale Milieus, wo »schon das bloße Versäumen des Wechsels als Zeichen des Misserfolgs« gewertet wird (Sennett 2000, 115). Der Sozialphilosoph Zygmunt Bauman spricht von »postmoderner Lebensstrategie«. Ihr Prinzip sei »die Vermeidung von Festlegungen« (1994, 396), bedingt durch die Brüchigkeit der Berufsbiographien und sozialen Netze. Der postfordistische Kapitalismus bringt zugleich »Individualisierungsgewinn und Unsicherheitszuwachs« mit sich (Woltersdorff 2007, 180). Er verspricht, mehr Freiheit zu geben, schafft aber nach Richard Sennett in Wirklichkeit neue Kontrollen, die »schwerer zu durchschauen« sind (2000, 11), mit anderen Worten abstrakte Abhängigkeiten.

Auf dem Markt ist Individualität gefragt, ein »Alleinstellungsmerkmal«, um sich im Wettbewerb behaupten zu können. Freiheit bedeutet für uns freie Wahl der Selbstpräsentation, um unsere Individualität zu dokumentieren. Deshalb wecken die Bekleidungsvorschriften in manchen Ländern bei manchen mehr Empörung als massenhafte Armut.[2]

Nachdem von einer »modernen« Anforderung und »modernen« Subjektform die Rede gewesen ist, empfiehlt es sich, dass wir uns über den Begriff Moderne verständigen.

---

2 Der Kopftuchträgerin, die sich hierzulande auf die freie Wahl des Lebensstils beruft, wird dies paradoxerweise oft nicht zugestanden.

Exkurs: Die Moderne, der Überbau der Marktwirtschaft
Meist wird die Moderne auf die europäische Aufklärung zurückgeführt, womit auch ein inhaltlicher Kern dessen gegeben ist, was normalerweise mit Moderne verbunden wird, nämlich die Ideen von Gleichheit, Freiheit und persönlicher Autonomie. Teilweise wird der Beginn der Moderne weiter zurückdatiert bis zur Renaissance und zur Reformation. Das auffällige Zusammenfallen mit der damaligen Ausweitung der Geldwirtschaft und dem Erstarken des städtischen Bürgertums hat Max Weber veranlasst, den Zusammenhang zwischen der neuen »protestantischen Ethik« und dem »Geist des Kapitalismus« (1904/05) zu untersuchen. Entgegen verbreiteter Lesart sieht Weber durchaus eine wechselseitige Korrespondenz. Denn zwar konnte sich der Kapitalismus nicht ohne die adäquate Ethik von Disziplin und Gewinnstreben ausbilden, aber die Ethik konnte sich auch nicht etablieren, ohne von der Praxis kapitalistischen Wirtschaftens gestützt zu werden.

Häufig werden unter der Moderne sowohl gesellschaftliche Strukturen, nämlich die Subsysteme der kapitalistischen Gesellschaft – Markt, Produktion, Nationalstaat, Demokratie, rationale Verwaltung – als auch kulturelle Phänomene verstanden. Man sollte aber die gesellschaftlichen Strukturen von kulturellen Antworten auf diese Strukturen unterscheiden. Demnach reflektieren Merkmale der Moderne wie der Individualismus die materielle Form der Vergesellschaftung in der Privatform. Soziale Erfahrungen und Lebenslagen stützen nach Thomas Meyer die kulturelle Modernisierung (2002, 162).

Voraussetzung der kapitalistischen Produktionsweise ist *der Markt*, auf dem der in der Produktion erarbeitete Mehrwert realisiert werden muss. Die Marktteilnehmer treten im Kaufakt ungeachtet ihrer Herkunft, ihres sozialen Status etc. als einander Gleiche gegenüber, und sie entscheiden – jedenfalls dem Ideal nach – frei über Kauf und Verkauf. Daher ist für Marx die

Zirkulationssphäre »die produktive reale Basis aller *Gleichheit und Freiheit*« (Grundrisse, 155f., Hervorh. G.A.). Verkäufer und Käufer »kontrahieren als freie, rechtlich ebenbürtige Personen« (MEW 23, 190). Von diesem pragmatischen zum emphatischen Freiheitsbegriff etwa der Französischen Revolution bedarf es sicher einiger Vermittlungsschritte. Die revolutionären Bürger mögen unmittelbar nur an die Abschaffung der königlichen und adligen Privilegien gedacht haben, aber ihre ökonomische und rechtliche Praxis bildete den Hintergrund ihrer neuen Weltauffassung. Und jeder in der heutigen Gesellschaft findet sie im Alltag bestätigt.

Ein Aspekt der Freiheit ist *die Autonomie*, d.h. das Recht und die Fähigkeit, sich selbst Regeln zu geben, wobei die Urteilskraft gebietet, das Funktionieren des gesellschaftlichen Ganzen im Auge zu behalten. Das begründet unter anderem »die Pflicht, seine Versprechungen zu halten« (Rousseau, Emile), damit aufeinander Verlass ist. Vom modernen Individuum wird erwartet, dass es moralische Prinzipien internalisiert hat. Die Fähigkeit dazu begründet seine menschliche Würde, auf deren Anerkennung alle gleichen Anspruch haben.

Die formale Gleichheit der Marktteilnehmer verdeckt allerdings ihre soziale Ungleichheit aufgrund unterschiedlicher Marktmacht. Das gilt besonders für das Verhältnis zwischen Kapitaleigner und Lohnabhängigen, die auf den Verkauf ihrer Arbeitskraft auf dem Arbeitsmarkt angewiesen sind. Da aber in der Arbeitswelt formal *das Leistungsprinzip* gilt, kann jede und jeder sich, so das Versprechen, einen höheren sozialen Status erarbeiten. Gefordert ist neben den Kompetenzen einerseits Disziplin, andererseits aber heute auch Flexibilität. Von Unternehmer/in und Management werden unternehmerische Qualitäten verlangt, darunter Gewinnstreben und Risikofreude. Ideelle Grundlage der auf Naturwissenschaft und Technik gestützten kapitalistischen Produktionsweise ist die zuversichtliche Haltung der Naturbeherrschung – alles Wesenszüge der Moderne.

Bestimmend für die Technikentwicklung und die Ausbeutung der Natur ist das *zweckrationale Denken*, m. a. W. instrumentelle Rationalität.

Rationalität gilt als Grundzug der Moderne. Der allmähliche Verlust des Glaubens an eine göttliche Ordnung bedingt *die »Entzauberung der Welt«* (Max Weber). Der Verlust der Sicherheiten der Überlieferung ist für Thomas Meyer »der generative Kern der Moderne« (2002, 27). Marx und Engels schwärmten im Kommunistischen Manifest: »Alles Ständische und Stehende verdampft, alles Heilige wird entweiht, und die Menschen sind endlich gezwungen … ihre gegenseitigen Beziehungen mit nüchternen Augen anzusehen« (MEW 4, 465). Die Entzauberung der Welt hat jedoch ihre Tücken, weil sie dazu verleitet, nach einem Ersatz für Heilsversprechen und soziale Einbindung zu suchen. Typische Erscheinungsformen der Moderne sind deshalb auch Nationalismus, Rassismus und Fundamentalismus in vielfältigen Varianten, Formen des Faschismus nicht zu vergessen. Vor dem Hintergrund, dass das Geld »das reale Gemeinwesen« unserer heutigen Gesellschaft ist (Marx, Grundrisse, 74 f.), wird die Sehnsucht nach neuen Identitätsankern wie Nation, Ethnie, Rasse verständlich, und damit die politische Verführbarkeit durch Führergestalten verständlich.[3]

Die Moderne ist selbst zum Thema diskursiver Auseinandersetzungen geworden. Traditionalisten und Fundamentalisten, aber auch Teile des konservativen Lagers verwerfen die Säkularisierung, die Radikalisierung des Zweifels und die Emanzipation, teilweise auch die Individualisierung. Vertreter der *»Postmoderne«* betonen dagegen die Relativität, Heterogenität und Zufälligkeit der Verhältnisse und Weltbilder. Es könne

3 Marx hat das Auftauchen präfaschistischer autoritärer Regime selbst noch 1852 in der Schrift »Der 18. Brumaire des Louis Napoleon« reflektiert (MEW 8).

keinen festen Sinnhorizont der Weltdeutung mehr geben. Man verkündet auch das Ende der »großen Erzählungen«, d.h. von utopischen Gesellschaftsentwürfen.

Den problematischen, ja gefährlichen Tendenzen innerhalb der Moderne wie Nationalismus und Rassismus steht die gesteigerte Möglichkeit und Ermächtigung zur Reflexion aller Verhältnisse einschließlich der gesellschaftlichen Naturverhältnisse gegenüber. Alles kann in Frage gestellt werden. Die Reflexivität als eine Seite der Rationalität ist geeignet, die instrumentelle Rationalität zu brechen, vor deren brutalen Konsequenzen zu warnen. Und die Ideen der Gleichheit und Freiheit mit ihrem implizit universalen Anspruch haben in der Vergangenheit auch die auf ihre Fahnen geschrieben, für die sie ursprünglich gar nicht gedacht waren, nämlich die Sklaven, die Proletarier, die Kolonialvölker und manche Minderheiten, und diese Ideen so für ihre Emanzipation genutzt. Andererseits birgt der Universalitätsanspruch die Gefahr des Eurozentrismus. Und nicht nur das: auch den Fundamentalismus kennzeichnet die Universalisierung eigener Wahrheitsansprüche und Prinzipien. Der Islamismus führt zur Tilgung regionaler Unterschiede im Islam. Die Moderne ist äußerst widersprüchlich, wie man sieht.

Wozu Identität?

In der Gesellschaft privater Warenbesitzer, in der der einzelne weitgehend über Ware-Geld-Beziehungen mit den anderen verbunden ist und, bildlich gesprochen, »seinen gesellschaftlichen Zusammenhang mit der Gesellschaft in der Tasche mit sich (trägt)« (Marx 1974, 74f.), sind also persönliche Abhängigkeiten einer abstrakten Abhängigkeit gewichen, vom Wohnungsmarkt, vom Arbeitsmarkt, allgemein von der wirtschaftlichen Konjunktur, eventuell von der Entwicklung des Unternehmens, bei dem man beschäftigt ist. Damit ist für das Subjekt die Wahrnehmung einer Trennung von Innen- und Außenwelt verbunden.[4] Im Grund ergeben sich die mit Identität verbundenen Anforderungen an das Subjekt aus der allgemeinen Entfremdung. Den Warenproduzenten erscheint ihr Verhältnis »zur Gesamtarbeit als ein außer ihnen existierendes gesellschaftliches Verhältnis von Gegenständen« (MEW 23, 86).

Mit der Lohnarbeit ist die individuelle Reproduktion in der Privatform verknüpft. Deshalb muss sich in diesem System jedes Individuum als mündiges Vertragssubjekt bewähren. Es wird zwar in eine bestimmte Familie innerhalb einer bestimmten sozialen Schicht hineingeboren, aber dennoch wird von ihm ungeachtet der damit gesteckten Grenzen erwartet, dass es sich die Frage stellt: Wer bin ich, wer möchte ich sein und werden? Wie gestalte ich mein Leben? Die uns gestellte Aufgabe, unser Leben zu gestalten, unsere Zukunft zu entwerfen, ist dabei insofern eine Zumutung (Schubert 1984, 70), »eine furchteinflößende Aufgabe« (Bauman 1994, 397), als uns eine umfassende Kontrolle unserer Lebensbedingungen verwehrt ist (Klaus Holzkamp), und das heute mehr denn je. Wir können bestenfalls als Staatsbürger (Citoyen) versuchen, indirekt auf die gesellschaftliche Entwicklung Einfluss zu nehmen.

Der oder die einzelne muss sich ungeachtet dessen ins Verhältnis setzen zu sich selbst und zur Gesellschaft. Das ist anders als in *traditionellen Gemeinwesen*, wo dem einzelnen sein sozialer Ort von der gesellschaftlichen Umwelt zugewiesen wurde. Der Ethnologe Werner Schiffauer, der vor und nach 1980 in einem anatolischen Dorf, von ihm Subay genannt, Feldforschung betrieben hat, sah damals nach seinen Beobachtungen folgenden Unterschied zu unserer Situation: »Der einzelne sieht sich im konkreten Universum von Subay, in dem er namentlich bekannt ist, nicht dem Problem gegenüber, dass die anderen

---

4 Für Fukuyama ist die neuzeitliche Trennung von Innen und Außen samt der gestiegenen Aufmerksamkeit für das Selbst der ideengeschichtliche Ursprung von Identität (2019, 43, 51, 53). Der (wenn auch vage) Hinweis auf die Märkte fehlt bei ihm nicht (54).

nichts über ihn wissen, sondern (um es zugespitzt zu formulieren), dass sie zu viel wissen. In der Rede über ihn wird seine Geschichte entworfen und er tendenziell auf diese Geschichte festgelegt« (1987, 240). Die Fremdwahrnehmung muss dabei nicht mit der Selbstwahrnehmung des einzelnen Bauern in Einklang gebracht werden. Verstörende Fremdbilder fordern ihn nicht dazu auf, sich selbst zu prüfen oder gar in Frage zu stellen. Die Selbstdarstellung in der repräsentativen Rede – die Beobachtung des Ethnologen beschränkte sich auf die männliche Welt – und die Karikatur im Dorfklatsch haben nichts miteinander zu tun (283).

Die Schilderung von Schiffauer verdeutlicht auch einen spezifischen identitätsrelevanten Aspekt: Die Bauern sind als Familienvorstände auf die Bewahrung ihrer Ehre bedacht, die ihnen als Vertretern ihres Hofes zukommt, solange sie oder ihre Familie nicht gegen die geltende Ordnung verstoßen. Mit dem Untergang ständischer Ordnungen oder Clanstrukturen, generell traditionaler Gesellschaften, die die soziale Position der Individuen festschrieben, ist das Konzept der Ehre vom persönlichen Ansehen, Prestige oder Image abgelöst worden (Honneth 1998, 199). Die Ehre wird verteidigt, das Image muss »gepflegt« werden. Der Soziologe Goffman spricht von »impression management«. Im Lauf der Entwicklung der marktgesteuerten Gesellschaft sind immer feinere und raffiniertere Strategien dafür entwickelt worden.

Volker Schubert findet in seiner Studie über Identität die Abhängigkeit dieser Subjektform von der jeweiligen Form der Vergesellschaftung bei Erich Wulff belegt, der als Arzt im Vietnam der 1960er Jahre kaum Störungen des Ich-Bewusstseins wie in Europa diagnostizieren konnte, was ihn veranlasste, aus verschiedenen Indizien, unter anderem sprachlichen Strukturen (keine Personalpronomina), auf eine andere Konstitution der Persönlichkeit zu schließen. »Diese bestimmt sich vielmehr aus dem Netz der traditionell vorgegebenen sozialen Verhältnisse, dessen ›Innenraum‹ von der polyzentrisch aufgebauten Gemeinschaft der Großfamilie gebildet wird« (zit. nach Schubert 1984, 39). Auch den sowjetischen Psychologen Igor S. Kon zieht Schubert als Gewährsmann heran, der seine Beobachtungen in Mittelasien ebenfalls so deutete, dass die Mitglieder der dortigen Gemeinschaften sich nicht als individuelles Ich erlebten. Als ein Indiz dafür wertete er die Praxis der Namensgebung. Solche Interpretationen aus der Fremdperspektive sind sicher mit Vorsicht zu nehmen, sie erscheinen aber gesellschaftstheoretisch plausibel.

Namhafte Vertreter der Identitätstheorie und -forschung sehen die historische Spezifik dieser Thematik. George H. Mead meint: »Einer der Unterschiede zwischen der primitiven und der zivilisierten menschlichen Gesellschaft ist der, dass in der primitiven Gesellschaft die einzelne Identität bezüglich ihres Denkens und Verhaltens viel weitgehender vom allgemeinen Muster der organisierten gesellschaftlichen Tätigkeit bestimmt wird« (zit. nach Honneth 1998, 135). Nach Keupp u. a. »braucht das Individuum in vormodernen Gesellschaften keinen inneren Zusammenhang zu produzieren, weil die Gesellschaft ihn bietet« (1999, 87; vgl. Fukuyama 2019, 54).

Was Mead »zivilisierte« Gesellschaft nennt und Keupp und sein Team »moderne« Gesellschaft nennen, das ist im marxistischen Verständnis eine Gesellschaft von Privatmenschen, die nur durch ihr gemeinsames Interesse an einem funktionierenden Markt zusammengehalten werden und in ihrem Privatinteresse zum einen ihre Einmaligkeit und zum anderen ihre Zugehörigkeit zum Ganzen unter Beweis stellen müssen. Der weltgeschichtliche Gang stellt sich für Hegel »als ein Ineinander von Vergesellschaftung und Individuierung« dar (Honneth 1998, 28 f.).

Die Annahme, dass ein funktionaler Zusammenhang besteht zwischen der Identitätsformation und der kapitalistischen Vergesellschaftung, m. a. W. der Herausbildung der bürgerlichen

Gesellschaft, wird auch durch *die Geschichte der Autobiographie* bestärkt. Ralph-Rainer Wuthenow sieht im 18. Jahrhundert »die zweite Phase der Konstituierung der Subjektivität« nach Reformation und Renaissance (1974, 9). Genauer müsste es heißen: der modernen oder bürgerlichen Subjektivität. Wuthenow bietet dafür folgende Erklärung: »Die jeweilige Besonderheit und Unersetzlichkeit des Einzelnen als Person und Einzelnes wird erkannt und anerkannt. Er tritt aus überlieferten Zusammenhängen, Feudalität und Kirche, Korporationen und Zünften, nicht selten sogar aus den Niederungen einer fast sklavischen Abhängigkeit heraus, tritt zugleich in Konkurrenz zu seinen Mitmenschen, als Tauschpartner, Vermittler, Produzent und damit zugleich als Rechtssubjekt« (1974, 21). Die sozialen Strukturveränderungen mögen hier für das 18. Jahrhundert etwas überzeichnet sein. Außerdem haben sie vorerst nur bestimmte gesellschaftliche Kreise erfasst, nämlich das gehobene Bürgertum, das unmittelbar oder mittelbar mit dem Handel befasst war oder die erforderlich gewordenen Rechts- und Verwaltungsreformen zum Studienobjekt gemacht hatte. Daneben lieferte der Protestantismus, der sich selbst als Reflex der aufkommenden Warenproduktion erklären lässt, ein wichtiges Motiv für die Reflexion des Selbst (Wuthenow 1974). Generell ist festzuhalten: »Der Konflikt zwischen den beiden Vergesellschaftungsformen (der vorkapitalistischen und kapitalistischen, G. A.) bleibt also über einen langen historischen Zeitraum hinweg aktuell, und für die Masse der Individuen wird die neue Form der Vergesellschaftung erst im Kapitalismus bestimmend« (Schubert 1984, 52).

Vor dem Hintergrund der bisherigen Ausführungen ist anzunehmen, dass »die universelle Notwendigkeit zur individuellen Identitätskonstruktion« (Keupp u. a. 1999, 28) auf moderne oder sich modernisierende Gesellschaften beschränkt ist (vgl. Fukuyama 2019). Die »Identitätsansprüche« (Honneth 1998, 213), die »das moderne Subjekt« entwickelt hat, haben eine materielle Basis.

Es dürfte deshalb kein Zufall sein, dass die erste Identitätstheorie erst gegen Ende des 19. Jahrhunderts formuliert wurde, nachdem die kapitalistische Gesellschaftsformation voll entfaltet war. Als ein vorgängiges Äquivalent lässt sich allerdings *die Bildungstheorie* interpretieren, die speziell im deutschen Sprachraum die Herausbildung der bürgerlichen Gesellschaft begleitet hat.[5] Wilhelm von Humboldt, auf den immer in der Geschichte der Bildungsidee rekurriert wird, hat 1798 in einer Schrift die gesellschaftlichen Veränderungen seiner Zeit reflektiert. Mit Blick auf technologische Neuerungen und die Tendenz hin zu einer neuen Form der Vergesellschaftung schrieb er: »Der Mensch erscheint also seltner als die einzige Ursache einer Begebenheit und noch seltner als unmittelbare« (zit. nach Heydorn 1973, 65). Heydorn deutet es als Reflexion auf die schon wahrnehmbare »abstrakte Interdependenz« der Individuen. Deshalb gehe es Humboldt darum, dass die Menschen auf neue Weise Selbstbewusstsein zurückgewinnen (ebd. 67). Zu diesem Zweck muss der einzelne sich selbst zum Gegenstand werden, und das heißt, dass er sich selbst fremd werden muss. Herder in den »Vorlesungen über die Philosophie der Geschichte«: »Liegt nicht eine tiefe Wahrheit darin, dass der einzelne Mensch erst dann zu sich selber kommt, wenn er in den Bruch mit sich selbst getreten ist, wenn Unglück seine Unmittelbarkeit vernichtet?« (zit. nach Heydorn 1973, 106).[6] Die abschließende Konkretion nimmt die identitätstheoretische Annahme vorweg, dass Krisen für die Identitätsarbeit förderlich seien.

---

5 »Die wiederkehrenden Grundbegriffe des Bildungs-Diskurses umschreiben zusammengenommen den Komplex eines Identitätswissens im Gegensatz zum Sachwissen und Erfahrungswissen« (Assmann 1993, 72).

6 Der Selbstentfremdung dient bei Humboldt wie bei Herder das Vertrautmachen mit der Welt der alten Griechen. Ihr Bildungsprogramm legt den Schluss nahe, dass die Mitglieder der führenden Schichten als Adressaten gedacht waren.

Einen Einwand gegen die These, Identität sei eine moderne Subjektform, könnte der Verweis auf die Anhängerschaft der großen *Religionsgemeinschaften mit Universalitätsanspruch* liefern, die sich über ganze Weltregionen verbreiteten, ein überraschendes Phänomen der Vormoderne. Die Religion bestimmte das Weltverständnis und Selbstverständnis der Menschen. Und die Identifikation mit ihrer Religion war offenbar für manche so stark, dass sie sich sogar für ihren Glauben opferten. In der Regel war allerdings die Zuordnung zu einer Religionsgemeinschaft nicht eine Sache individueller Entscheidung, sondern des Gemeinwesens und derer, sie es beherrschten.

2. Identitätstheorien

Das moderne Individuum aus soziologischer Sicht

Die erste Identitätstheorie wurde, wie gesagt, Ende des 19. Jahrhunderts vorgelegt. Der US-amerikanische Sozialphilosoph *George Herbert Mead* (1863-1931), der in Deutschland studiert hatte, reflektierte die Situation des modernen Individuums, das sich mit verschiedenen Erwartungen seiner Umwelt konfrontiert sieht. Mit ihnen muss es sich auseinandersetzen, wenn es sich behaupten und eine chamäleonhafte Existenz vermeiden will. Er bildete diese Situation in einem Modell mit drei psychischen Instanzen ab.

Nach Meads Vorstellung nehmen wir, da zum Wechsel der Perspektiven fähig, die in der Regel von Konventionen geprägte Erwartungshaltung der Umwelt auf. Das entsprechende Sensorium bezeichnete er mit »me«, mit dem Akkusativ des Personalpronomens der ersten Person also, womit die Richtung auf mich angezeigt wird. Unsere Aufmerksamkeit gilt dabei nicht lediglich den Erwartungen der unmittelbaren Interaktionspartner, sondern eines verallgemeinerten anderen (»generalized other«), einem Schiedsrichter vergleichbar, der über die Regeln wacht. Bei Adam Smith ist das der »impartial spectator«, der unabhängige oder unparteiische Beobachter. Man darf annehmen, dass es die Regeln sind, nach denen die Bürger handeln sollen, um vertrauensvolle Interaktionen zu sichern.[7] Aber wir müssen nicht nur fähig sein, soziale Erwartungen zu verstehen, sondern auch, sie zurückzuweisen oder zu modifizieren. Daher die Instanz des »I« oder »Ich«, benannt also mit dem Personalpronomen der ersten Person im Nominativ. Diese Ich-Instanz, die auch Ergebnis von Sozialisation, unter anderem der Verinnerlichung von Werten ist, wird etwas vage als Ausdruck von Spontaneität und Kreativität beschrieben. Unsere Reaktionen auf das »Me« wecken daher das Gefühl von Initiative und Freiheit in uns. Außenerwartung und Eigenwille muss der/die einzelne in Übereinstimmung bringen oder integrieren. Dafür steht das »Self« in Meads Terminologie, das sich auch mit dem Begriff »Ich-Identität« fassen lässt.[8]

Dass die erste Identitätstheorie in den USA formuliert worden ist, ist wohl kein Zufall. Denn dort hatte sich in Industriezentren wie Chicago, Meads Wirkungsstätte, die kapitalistische Produktions- und Lebensweise damals schon voll etabliert. Die Bevölkerung war bunt zusammengewürfelt und kam aus allen Ecken Europas. Erik H. Erikson, der zweite bedeutende Identitätstheoretiker, stellte 1970 fest: »Identitätsprobleme gehörten zum psychischen Gepäck von Generationen neuer Amerikaner, die ihre Heimat hinter sich gelassen hatten, um ihre verschiedenen, angestammten Identitäten in eine gemeinsame Identität von selbst sich entwerfenden Menschen einzubringen. … Auch im Hinblick auf Identität ist die Emigration ein Kampf ums Überleben« (Erikson 1982, 44).

7 Immanuel Kant hatte dafür den Kategorischen Imperativ formuliert.

8 Dass nach Mead für die soziale Perspektivenübernahme unser menschliches Symbolverständnis Voraussetzung ist, kann hier für den Argumentationsgang vernachlässigt werden.

Hatte das Modell von George H. Mead mit der Idee des »generalized other« noch einen transzendentalen Aspekt, so beschränkte sich der Soziologe *Erving Goffman* (1922-1982) auf die rollentheoretische Interpretation unseres Alltagshandelns, wobei seine szenischen Beschreibungen eine sehr scharfe Beobachtungsgabe verraten. Es geht im Anschluss an Mead um die unumgängliche Auseinandersetzung mit unterschiedlichen und wechselnden Rollenerwartungen. Zentral hierfür ist nach Goffman »Rollendistanz«. Das heißt, wir müssen einerseits für Rollenerwartungen offen sein, sie aber andererseits so auslegen, dass wir uns nicht selbst aufgeben. Die innere Kraft, die die Rollendistanz leisten soll, ist bei Goffman nicht klar identifizierbar. Selbst das, was er »persönliche Identität« nennt, ist eine soziologische Kategorie. Sie bezeichnet die Sicht der Umwelt auf den einzelnen in seiner Einzigartigkeit, mit seiner einmaligen Geschichte, das also, was die anderen über einen erzählen.

Auch der Soziologe *Lothar Krappmann* (1971) hat lediglich die Anforderungen an das Rollenhandeln ausformuliert. Vor allem hat er verdeutlicht, wie wir die uns angesonnenen Rollenerwartungen explizit oder implizit aushandeln müssen (»bargaining«), wenn wir unsere eigenen Bedürfnisse und Interessen nicht opfern und außerdem in wechselnden Rollen nicht unglaubwürdig werden wollen. Identität ist daher für Krappmann »ein strukturelles Erfordernis des Interaktionsprozesses« (Schubert 1984, 99). Aufschlussreich ist ein Bild, das Krappmann unter anderem für das Individuum in der Interaktion wählt. Er vergleicht es mit dem Agieren »eines geschickten Händlers, der seine Verträge mit Vorbehaltsklauseln in jeder Hinsicht absichert und dann doch alles auf eine Karte setzt« (1971, 56).

Schon dass das Bargaining nicht unabhängig von der Macht oder der persönlichen Bedeutsamkeit der Bezugsgruppen praktizierbar ist, ist bei Krappmann ein unterbelichteter Aspekt. So wird ein Jugendlicher meist den Erwartungen der Peergroup mehr Rechnung tragen als denen der Eltern. Erst recht aber wird ein Lohnabhängiger die Erwartungen seiner Familie hinter die seines Chefs zurückstellen müssen. Dazu gleich mehr.

Eine wichtige Fähigkeit des modernen Individuums ist nach Goffman auch das »impression management«. Dieses ist zentral für »Die Selbstdarstellung im Alltag« (The Presentation of Self in Everyday Life«), so der Titel einer frühen Studie (New York 1959). Im Kommentar zur deutschen Ausgabe heißt es: »Wie ein Schauspieler durch seine Handlungen und Worte … einen bestimmten Eindruck vermittelt, so inszenieren einzelne und Gruppen im Alltag ›Vorstellungen‹, um Geschäftspartner oder Arbeitskollegen von den eigenen oder vorgetäuschten Fähigkeiten zu überzeugen … dass diese Selbstdarstellung ein notwendiges Element des menschlichen Lebens ist, das macht Goffman anschaulich und überzeugend klar« (Klappentext). Dieses Theaterspiel – die deutsche Ausgabe trägt den Obertitel »Wir alle spielen Theater« – ist aber lediglich »ein notwendiges Element« des Lebens in *dieser* Gesellschaft. Bei der Lektüre von Goffmans Studie drängt sich oft auch das Wort Bluff auf.[9]

Der Symbolische Interaktionismus enthält ein Freiheitsversprechen. Denn für Mead und auch für Goffman und Krappmann werden unsere Interaktionen nicht völlig von den gesellschaftlichen Werten und Normen determiniert. Diese werden vielmehr erst durch das Aushandeln ihrer Bedeutung in den Interaktionen der Teilnehmer handlungsbestimmend. Das Aushandeln – Krappmann spricht sogar vom »Handel um Identität« (1971, 34) – kennzeichnet unsere soziale Praxis tatsächlich bis zu einem gewissen Grad. Die Spielräume dafür sind

---

9 Zweifellos sind auch in traditionellen Gesellschaften die Krieger vor einem Waffengang bemüht, einen mächtigen Eindruck zu hinterlassen. Aber die soziale Funktion ist eine ganz andere. Das gilt selbst für den Brauch des Potlatsch bei den Indigenen der nordamerikanischen Pazifikküste, wo Clanchefs früher die Gegenseite mit großen Geschenken zu beeindrucken versuchten. Mit den gereichten Gaben sollten aber nicht Individuen, sondern der jeweils andere Clan beeindruckt werden.

außerhalb des Privatbereichs noch am ehesten in der Sphäre der Zirkulation zu finden, »ein wahres Paradies der angeborenen Menschenrechte« (Marx). Aber selbst dort ist die Darstellung unserer Individualität von den gesellschaftlichen Verhältnissen bestimmt. Die rollentheoretische Perspektive ist nach Schubert »die der individuellen Emanzipation in der Privatform« (1984, 100). Der Marxsche Begriff der »Charaktermaske« ist zwar wie der Rollenbegriff dem Bereich des Theaters entlehnt, trifft aber unser aller Situation beim Identitätsmanagement genauer (dazu Haug 1995). Demnach agieren wir als Personifikationen der gesellschaftlichen Verhältnisse, von denen auch die Erwartungen des Umfelds beeinflusst sind.

Der Beitrag der Psychologie: Die lebensgeschichtliche Dimension

Erik H. Erikson gehörte selbst zu den »neuen Amerikanern«, von denen er spricht (siehe oben). Er war in Frankfurt am Main aufgewachsen. Und auch seine dänisch-jüdische Herkunft verlangte ihm einiges an Identitätsarbeit ab,[10] über die er sich mit dem Begriffsapparat der Psychoanalyse, die er in Wien schätzen gelernt hatte, Klarheit verschaffen wollte. Es verwundert nicht, dass für seine Identitätstheorie die Lebensgeschichte bedeutsam wurde.

Erikson betont die Aneignung gesellschaftlicher Bedeutungen innerhalb von Gemeinschaften, zunächst der Familie. Für das Verständnis seines Ansatzes ist folgende Passage hilfreich: »Das Kind, das gerade entdeckt hat, dass es laufen kann … entdeckt auch, dass es mit der neuen Körperhaltung einen neuen Status bekommen hat: ›einer der laufen kann‹, mit all seinen Nebenbedeutungen« (1973, 17). Das ist nach Erikson »einer der

10 »Alsbald galt ich daher in der Synagoge meines Stiefvaters als ›Goy‹, während ich für meine Schulkameraden ein ›Jude‹ war« (Erikson 1982, 26).

vielen Schritte«, die das Selbstgefühl des heranwachsenden Menschen begründen. Und dieses Gefühl nennt er »Ich-Identität« (ebd.).

Der Begriff »persönliche Identität« bezeichnet anders als bei Goffman nicht bloß die Zuschreibung von individuellen Eigenschaften seitens der Außenwelt, sondern ein »bewusstes Gefühl«, das »auf zwei gleichzeitigen Beobachtungen (beruht): der unmittelbaren Wahrnehmung der eigenen Gleichheit und Kontinuität in der Zeit, und der damit verbundenen Wahrnehmung, dass auch andere diese Gleichheit und Kontinuität erkennen« (1973, 18).

Obwohl er mit seiner Fachdisziplin die teleologische Vorstellung teilt, dass die Entwicklung einem »Grundplan« folgt (1973, 57), ist der Mensch für Erikson von Geburt an aktives Subjekt, das sich in der Auseinandersetzung mit inneren und äußeren Konflikten entwickelt. So erarbeitet sich der einzelne über mehrere Entwicklungsstufen seine Identität, wobei der Adoleszenz eine besondere Funktion zukommt. Auf jeder Stufe stellt sich dem Individuum eine spezifische Entwicklungsaufgabe und »jede neue Entwicklung (hat) ihre eigene spezielle Verletzlichkeit« (83). Das soll nur exemplarisch an drei Stadien illustriert werden.

Zum Beispiel ist der Säugling noch völlig auf die mütterliche Fürsorge, das Geben der Bezugsperson, angewiesen, lernt aber auch, »die Mutter zum Geben zu veranlassen« (65). Das heißt, er lernt dies, wenn die Beziehung stimmt und die Mutter auf das Kind eingeht. Dann gewinnt dieses »Urvertrauen«. Auf dieser Basis strebt das Krabbelkind schon mehr »Autonomie« an. Es beginnt, seine Umgebung zu erforschen. Zugleich soll es lernen, seine Ausscheidungen zu kontrollieren. Scham ist dann eine neue soziale Erfahrung.

Die Adoleszenz ist nach Erikson durch »eine normative Krise«, letztlich eine »Identitätskrise« charakterisiert (1973, 144). Wenn die Identifikationen mit den bisherigen Bezugspersonen nicht mehr überzeugen, dann muss der Jugendliche »seine Kindheitsidentifikationen einer neuen Form von Identifikation« unterordnen, wozu ihm bzw. ihr der Verkehr mit Gleichaltrigen verhilft (136 f.), bei dem Gruppen das Experimentieren mit riskanten Erfahrungen ermöglichen (145 f.). Anzustreben ist »ein einzigartiges und einigermaßen zusammenhängendes Ganzes«, das frühere Identifikationen in modifizierter Bedeutung einschließt (139). Das Subjekt muss also seine Vergangenheit explizit oder implizit verarbeiten und eine Synthese leisten.

Das Gelingen hängt nach Erikson stark vom jeweiligen gesellschaftlichen Zustand ab, zum Beispiel vom Angebot »funktionierender Rollen« (1982, 17) oder von Möglichkeiten der Sinnfindung (19). »Historische Krisen wiederum verschärfen die persönlichen Krisen« (20). Erikson spricht in diesem Zusammenhang auch die Verlockung ideologischer Sinnangebote an.

Fragwürdig an Eriksons Identitätstheorie erscheint die auf seelische Gesundheit gerichtete Sichtweise, die speziell der Begriff »gesunde Persönlichkeit« verrät (1973, 55). Sie verdankt sich vermutlich der therapeutischen Praxis des Verfassers. Der Begriff »Identitätsdiffusion« (106) ist ebenso problematisch wie die irreführende Rede von »endgültiger Identität« (139). Vor allem die damit ausgedrückte statische Auffassung wurde kritisiert, freilich zu Unrecht, weil Erikson die Identitätssuche nicht mit der Adoleszenz für abgeschlossen hält.

Allerdings ist nicht zu verkennen, dass Eriksons Sicht auf Identität nicht nur von seiner klinischen Praxis geprägt, sondern auch auf Verhältnisse in einem anderen Stadium des Kapitalismus gemünzt ist. Das wird zum Beispiel deutlich, wenn er abweichendes Verhalten von Jugendlichen auf die »Unfähigkeit« zurückführt, »sich für eine Berufs-Identität zu entscheiden« (1973, 110). Heute besteht für viele die Schwierigkeit, überhaupt einen Beruf mit Perspektive zu finden und generell die eigene Zukunft zu entwerfen. Lebensentwürfe sind auch dadurch erschwert, dass »keine biographischen Entwurfsschablonen und Schnittmuster« mehr verfügbar sind (Keupp 1998, 16) wie in der großen Zeit der Industriearbeit und der fast noch ständischen Verfasstheit der kapitalistischen Gesellschaft. Außerdem wurden die Geschlechterrollen neu definiert.

Hier setzt das Bemühen von *Heiner Keupp* um eine überarbeitete Konzeption von Identität ein, ohne den Ansatz von Erikson ganz zu verwerfen. Das Forscherteam um Keupp betont, dass Identitätsbildung ein offener und unabgeschlossener Prozess sei (Keupp u. a. 1999, 84). In einer empirischen Studie fand man bestätigt, »dass das, was im Akt der Selbstreflexion entsteht … sich mit dem selbstreflexiven Akt bereits wieder zu verändern beginnt, sich also in und mit seiner Selbsterzählung ständig ›neu konstruiert‹« (189). Aber dennoch hält das Team von Keupp daran fest, dass das Individuum sowohl in der biographischen Retrospektive als auch hinsichtlich seiner Beteiligung an verschiedenen Lebenswelten eine Kohärenz herstellen muss. Zwar könne die Kohärenz »eine offene Struktur« haben (57). »Der Kampf um die Kohärenz der Selbsterfahrungen« sei aber »unabdingbar« (94).

Identität hat für Keupp u. a. Arbeits- und Projektcharakter (1999, 27, 30), wobei zwischen Identitätsentwürfen und -projekten unterschieden wird (86). Erstere sind eher »imaginär«, im Unterschied zu »Projekten« Fantasieprodukte. Unter Identität verstehen Keupp u. a. »das individuelle Rahmenkonzept einer Person, innerhalb dessen sie ihre Erfahrungen interpretiert und das ihr als Basis für alltägliche Identitätsarbeit dient« (60).

Konstitutiv für die Identitätskonstruktionen sind die Selbsterzählungen. Keupp u. a. sprechen daher auch im Anschluss an andere Autoren von »narrativer Identität« (59). Den Erzählstoff für ihre Selbsterzählung schöpfen die Individuen oft aus kulturindustriellen Angeboten (ebd.). Erzählformen und -inhalte sind generell »sozial vermittelt« (103). »Die realen Fakten sind für die Selbsterzählungen ein bloßer Steinbruch« (210). Identität ist für die Forschergruppe gleichbedeutend mit den »biographischen Kernnarrationen«, in denen sich die Selbstdarstellung einer Person verdichte, woraus auch ihre Handlungsfähigkeit resultiere (217). Identitätsarbeit als narrativen Prozess zu fassen, mag etwas überzogen erscheinen.[11] Dieses Konzept ist aber geeignet zu verdeutlichen, wie kulturelle Mythen und Meta-Erzählungen, aber auch populärwissenschaftliche Diskurse, Ratgeberliteratur oder Blogs und Foren im Internet den Stoff für Selbstdefinitionen liefern. Das soll eine Passage aus dem autobiographischen Werk von Annie Ernaux illustrieren, die stets auch gesellschaftliche Kontexte in ihrem biographischen Rückblick thematisiert, im Folgenden unter anderem das Internet: »Zu allem gab es Gedanken … nichts, was man erlebte, war bedeutungslos. Das Sprechen über die eigenen Erfahrungen und Sehnsüchte beruhigte das Gewissen. Die kollektive Selbstbeobachtung war Grund dafür, dass man das Ich in Worte fassen konnte« (2018, 238).

Als eine wichtige Bedingung für den Prozess der Identitätskonstruktion haben Keupp u. a. die Einbindung in soziale Netzwerke ausgemacht. Bei Erikson waren es noch »Gemeinschaften«. In den Netzwerken findet der oder die einzelne die nötige Anerkennung und Muster für Identitätsentwürfe (1999, 99, 202). Zur Zeit der Studie von Keupp u. a. war der Alltag noch nicht vom Internet bestimmt. Es wäre interessant, welche Funktionen in dieser Hinsicht die sozialen Medien erfüllen, die inzwischen vor allem auch von Jugendlichen und jungen Erwachsenen massenweise genutzt werden.

Vor allem für Angehörige diskriminierter Minderheiten wie Homosexuelle ist die jeweilige Szene von großer Bedeutung. Mit Blick auf drei Interviewpartner schreiben Keupp u. a.: »Gerade die homosexuelle Identität ist angewiesen auf soziale

11 Der hohe Stellenwert der Selbsterzählung in dem Modell ist vielleicht teilweise auf die in der Studie von Keupp u. a. praktizierte Interviewmethode zurückzuführen.

Unterstützung. Alle drei haben ihr Coming-Out im geschützten Rahmen der Subkultur gehabt; wo er wegfällt, wird … die eigene Identität in einem Maß verunsichert, das zu dauerhafter Psychiatrisierung führen kann« (146).

Didier Eribon über Schwulentreffs: »Auch wenn die Leute, die dort hingingen, einen schlechten Ruf hatten und als Schwule abgestempelt wurden, wirkte die Entdeckung, dass es solche Orte gab, auf mich wie eine wundersame Offenbarung« (2016, 202). Seine Begründung dazu: »Schwule Begegnungsorte sind auch Orte einer spezifischen Geselligkeit und kulturellen Überlieferung … einer Sozialisierung und eines ›Schwulwerdens‹ im Sinn einer informellen kulturellen Prägung. Man partizipiert am Klatsch über die Frage, wer in der Stadt ›dabei ist‹; man erlernt Codes, den Slang, die Sprechweisen« (205). Er erzählt auch, dass er auf große Literatur von homosexuellen Autoren aufmerksam gemacht wurde.

Bei Keupp u. a. wird aber auch deutlich, dass die Einbindung in Netzwerke teilweise und bis zu einem gewissen Grad von den jeweils verfügbaren Ressourcen abhängt (1999, 153 ff.). Und soziale Netzwerke, so gewiss sie selbst schon eine Ressource sind, stehen und fallen in der Regel mit Erwerbsarbeit, weshalb Arbeitslosigkeit oder häufiger Jobwechsel die Identitätsarbeit beeinträchtigen. »Arbeit ist wichtiger und unwichtiger zugleich geworden … Gerade weil die Teilhabe an Erwerbsarbeit und das damit verbundene Einkommen die soziale Position von Menschen in der Gesellschaft bestimmen, bleibt sie zentral in der Identitätsarbeit« (129).

Die Abhängigkeit der »Identitätsprojekte« von materiellen und sozialen Ressourcen wird zwar dahingehend eingeschränkt, dass es nicht nur auf deren objektive Verfügbarkeit ankomme. Entscheidend sei, ob das Subjekt diese wahrzunehmen, zu mobilisieren und zu nutzen vermag (198). Aber letztlich bestätigt sich, was Keupp vor seiner Studie als Hypothese formuliert hatte: »Ohne Teilhabe am gesellschaftlichen Lebensprozess in

Form von sinnvoller Tätigkeit und angemessener Bezahlung wird Identitätsbildung zu einem zynischen Schwebezustand« (Keupp 1998, 19).

Solche Teilhabe bringt dann auch soziale Anerkennung, nach Keupp eine weitere entscheidende Bedingung für erfolgreiche Identitätssuche. Er beruft sich hier auf die Sozialphilosophen Charles Taylor und Axel Honneth. Die Folgen von Nicht-Anerkennung oder Verkennung bestätigen für Taylor, wie bedeutsam Anerkennung ist. Schwer beeinträchtigt wird für ihn die Entwicklung von Menschen, wenn die Umgebung ihnen ein »einschränkendes, herabwürdigendes oder verächtliches Bild ihrer selbst zurückspiegelt« (zit. nach Keupp 1998, 27). Die Folge von Herabsetzung oder Entwertung lässt sich wieder an Didier Eribon illustrieren: Seine Homosexualität zwang ihn als Jugendlichen, so schreibt er, ebenso wie seine Herkunft aus einer Arbeiterfamilie zu einer »Form des Verbergens, der Persönlichkeitsspaltung und des doppelten Bewusstseins« (2016, 20). Von Honneth sieht sich Keupp auf die »kommunikativen Bedingungen« von individueller Identitätsarbeit verwiesen (33). Er ist dabei auch nicht blind für »die machtbestimmte Konstitution von Anerkennungsverhältnissen« (Keupp u. a. 1999, 100).

Rückschau: George Herbert Mead formuliert im Chicago der vorletzten Jahrhundertwende die Anforderungen an moderne Subjektivität. Sein Modell beleuchtet, auf welche Weise wir als symbolverstehende Individuen bei wechselnden Interaktionen unsere Identität wahren. Der Soziologe Erving Goffman hat, darauf gestützt, scharfsinnige Alltagsbeobachtungen rollentheoretisch interpretiert. Das Ergebnis: Unsere Aufmerksamkeit für Rollenerwartungen ist ebenso wichtig für erfolgreiche Interaktionen ohne Identitätsverlust wie die Fähigkeit zur Rollendistanz. Für Lothar Krappmann geht es um ein Aushandeln (bargaining) von fremden Erwartungen und eigenen Bedürfnissen oder Interessen. Diese horizontale Dimension von Identität, die vom soziologischen Beobachterstandpunkt aus formuliert ist, wird von dem Psychologen Erik H. Erikson um die lebensgeschichtliche, vertikale Dimension erweitert. Zentrale Kategorie ist für ihn die biographische Kohärenz, die sich das Individuum zu erarbeiten hat. Erstrebenswert ist für ihn als Therapeuten eine »gesunde Persönlichkeit«, wobei Krisen entwicklungsfördernd sind, wenn sie erfolgreich gemeistert werden. Der Psychologe Heiner Keupp nimmt mit seinem Team diese Forschungsperspektive auf, verabschiedet sich aber mit Blick auf die gesellschaftlichen Umbrüche von der Vorstellung, dass die Subjekte einer zielgerichteten Entwicklung folgen und ein widerspruchsfreies Selbstverständnis offenbaren. Der von ihm geprägte Begriff »Patchwork-Identität« ist zum »Markenzeichen für diese Idee« geworden (Keupp 1998, 11). Er betont dabei, ein Patchwork sei kreativ und habe Gestaltcharakter.

Hybridität und experimentelle Identitäten

Mit der Metapher vom Patchwork versucht Keupp eine Situation einzufangen, die für die einzelnen gekennzeichnet ist vom Wechsel der Berufe und Lebenswelten, von der Wahl von Bezugsgruppen, Musikstilen, Formen der Religiosität, politischer Orientierungen etc., so dass eine Art von Flickenteppich entsteht. Noch stärker sind konventionelle Vorstellungen von Identität für Intellektuelle fragwürdig geworden, die aus der sogenannten Dritten Welt kamen, in der akademischen Welt des »Westens« heimisch wurden und sich in einem Dazwischen, »in between« (Homi K. Bhabha) wiederfanden. Exemplarisch wären neben Homi K. Bhabha Stuart Hall und Frantz Fanon zu nennen.

Frantz Fanon (1925-1961) entstammte einer Familie der schwarzen Mittelschicht auf der Karibik-Insel Martinique, wo er aufwuchs. Nach seinem Dienst als Freiwilliger in der französischen Widerstandsarmee und dem Studium leitete er die psychiatrische Abteilung einer Klinik in Algerien, als die Nationale Befreiungsfront, der er sich dann anschloss, für ein unabhängiges Algerien kämpfte. Aus diesen Positionen heraus verfolgte er aufmerksam, wohin sich die im antikolonialen Kampf engagierten Eliten entwickelten. Bekannt ist der Titel seiner Schrift »Schwarze Haut, weiße Masken«. Er schreibt an anderer Stelle: »Der kolonisierte Intellektuelle macht sich nicht bewusst, dass er genau in dem Moment, da er sich bemüht, eine Kultur zu schaffen, Techniken und eine Sprache benutzt, die dem Okkupanten entliehen sind« (1981, 189).[12]

Stuart Hall (1932-2014) kommt ebenfalls aus der Karibik. Nach seiner englischen Schulbildung an einem College in Kingston/Jamaika und seinem Studium in Oxford schloss er sich dem Herausgeberkomitee der *New Left Review* an und begann eine Lehrtätigkeit am Center for Contemporary Cultural Studies, zu deren wichtigsten Vertretern er gezählt wird. In einem Interview sagte er von sich, »dass ich die klassischen kolonialen Spannungen als Teil meiner persönlichen Identität lebte« (2000, 10). »Ich kenne beide Orte (Jamaika u. England, G. A.) genau, aber ich gehöre zu keinem Ort völlig« (16).

Homi K. Bhabha (geb. 1949) entstammt einer indischen Oberschichtfamilie, hat in Mumbai und Oxford studiert und dann im häufigen Wechsel an englischen und US-amerikanischen Universitäten, zuletzt wohl in Harvard gelehrt. In einem Interview erklärte er 2013, er pendle öfters zwischen Boston und Mumbai. Beide Städte seien auf unterschiedliche Art sein Zuhause. Vielleicht ist nicht unwichtig, dass er in die kleine, aber privilegierte religiöse Minderheit der Parsen hineingeboren wurde (»Diaspora and home: An interview with Homi K. Bhabha«, blog.degruyter.com, 7.12.2017). Vor diesem lebensgeschichtlichen Hintergrund verwundert es nicht, dass Bhabha das Konzept der Hybridität entwickelt hat.

---

12 Verständlicher wäre: »eine neue Kultur zu schaffen«. Fanon hat vermutlich die damalige Ideologie der »Negritude« im Blick. Mit dem »Okkupanten« ist die ehemalige Kolonialmacht gemeint.

Hybridität kennzeichnet nach ihm Kulturen und Identitäten, speziell kolonisierte Kulturen. Das Konzept wurde von der Migrationsforschung und interkulturellen Pädagogik aufgegriffen. Menschen, »die für immer aus ihren Heimatländern zerstreut wurden«, tragen nach Stuart Hall »die Spuren besonderer Kulturen, Traditionen, Sprachen und Geschichten, durch die sie geprägt wurden, mit sich« (1994, 218). Hall geht dabei davon aus, dass Traditionen vielfach erfunden und »dass Identitäten niemals einheitlich sind« (2004, 170f.)

Damit sind wir wieder bei dem Konzept der Identitätsarbeit von Keupp, das schon die gesellschaftlichen Umbrüche spiegelt, die manche mit dem Etikett Postmoderne kennzeichnen. Nach dem Ende des fordistischen Akkumulationsregimes hat der globale Kapitalismus zunehmend alles zur Ware gemacht und schließlich vor allem mit den IT-Konzernen der Kapitalverwertung unterworfen. Er ist in die Poren des gesellschaftlichen Lebens eingedrungen und lässt auch die Subjektform nicht unberührt. »Die ökonomische Vernunft dringt in die letzten Nischen vor« (Eisenberg 2016, 36).

Seit weltweite, variable Wertschöpfungsketten und Just-in-Time-Produktion für einen Markt, der ständig neue Gebrauchswertversprechen bieten muss, die Wirtschaft bestimmen, sind Flexibilität, Bereitschaft zum Wechsel und Experimentierfreude oberstes Gebot. Zu beobachten ist die Neigung zu *experimentellen Identitäten*. Manche Personen lassen sich technische Instrumente implantieren, um ihre Sinnesfähigkeiten zu erweitern, und machen sich zu Mischwesen aus lebendigem Organismus und Technik, sogenannte Cyborgs. Andere wechseln das Geschlecht, auch ohne Not. So erklärt die »Experimentalkünstlerin« Madame Nielsen, eigentlich Claus Beck-Nielsen, im Interview: »Ja. Früher habe ich sehr radikal versucht, mich von allen Identitäten zu befreien, um zu sehen, wer man ist, wenn man niemand ist, oder etwas Ungewisses … Ich war ein Mann, dann wurde ich der Namenlose, dann der Unbestimmte«

(der Freitag v. 19.12.2018, S. 28). Schließlich hat Herr Beck-Nielsen sich für die Frauenrolle entschieden. Der Interviewer meint: »Wenn man sich von der Idee der Identität abwendet und nie weiß, wer man morgen sein wird und gestern war, dann wird es schwierig für die Mitmenschen, oder?« (ebd.). Offenheit der Optionen hinsichtlich der Wahl des Geschlechts gilt inzwischen in einigen Kreisen als Befreiung von einer überkommenen Fessel. Pädagogisches Leitprinzip einiger Kinderläden in Schweden ist es, nicht schon die Kinder auf ein Geschlecht festzulegen.

Andererseits bedingt nach Ansicht der Soziologin Eva Illouz der Markt der Beziehungen, der sich im »skopischen Kapitalismus« entwickelt hat, »eine nagende Ungewissheit über die Interaktionsregeln« (2019, 118). Freiheit sei auf Rituale angewiesen. »Diese Rituale der Sozialität sind jedoch weitgehend verschwunden, und an ihre Stelle ist eine Ungewissheit getreten, die umfassender psychologischer Steuerung bedarf« (119). Damit ist wieder das Thema Identität auf der Tagesordnung.[13]

Die Verunsicherung, die Eva Illouz auf den Markt der Beziehungen zurückführt, Richard Sennett (2000) vor allem auf den heutigen Arbeitsmarkt, könnte das labile Selbstwertgefühl erklären, zu dem der ebenfalls diagnostizierte Narzissmus nur scheinbar in Widerspruch steht (Eisenberg 2016, 36). So kommt es zu Phänomenen von wahnhafter Kränkung und kollektiver Selbstbestätigung. So hat sich in Nordamerika eine Online-Community unter dem Namen »involuntary celibates«[14] gebildet, die der Hass auf Frauen eint, weil diese

13 Der Markt der Beziehungen, speziell auch der sexuellen Beziehungen, ist das große Thema der Soziologin. Sie hat dafür den Begriff des »skopischen Kapitalismus« eingeführt. Das Wort ist abgeleitet vom altgriechischen skopein = betrachten; denn für Illouz ist diese Art des Kapitalismus dadurch definiert, dass er aus dem Spektakel und der Zurschaustellung von Körpern Profit macht.

14 Zu Deutsch »unfreiwillig Zölibatäre«.

ihnen Aufmerksamkeit und Sex verweigern, worauf Männer ein Anrecht hätten. Der junge Mann, der im April 2018 in Toronto zehn Menschen ermordete, war Mitglied dieser Gruppe (Illouz 2019, 115 f.). Solch erschreckende Ausbrüche von Gewalt lassen einen radikalen Verlust von Selbstwert und sozialer Bindung vermuten. Sie sind von Interesse, obwohl sie mit Identitätspolitik absolut nichts mehr zu tun haben, gerade des Unterschieds wegen. Hier bleibt nur noch die Auslöschung des Selbst und der anderen.

Kollektive Identitäten

Kollektive Identität ist bisher wenig zum Gegenstand wissenschaftlicher Fragestellung geworden. Verbreitet sind essentialistische Vorstellungen von einer Wesensgemeinschaft.[15] Dabei handelt es sich nicht anders als bei individueller Identität um ein Verhältnis zu etwas, hier zu gegebenen, aber *selbst gewählten Gemeinsamkeiten*. Zum Teil mögen sie auch fiktiv sein. Indem der einzelne eine Wahl trifft und sich mit der gewählten Gruppe identifiziert, wird er zum Mitglied, Anhänger, Angehörigen. Kollektive Identität wird an *einer* Differenz festgemacht, und sie bestimmt das Gefühl der Zusammengehörigkeit, in der Regel aber abhängig von der Situation. Die Vielfalt der modernen Subsysteme und Lebenswelten schließt eine Generalisierung aus. Das Mitglied der Fangemeinde von Schalke wird außerhalb des Fußballsports nicht ständig als Schalke-Fan auftreten wollen. Lediglich Ideologien wie Rassismus wirken in ihrer totalitären Art generell identitätsstiftend und ausgrenzend.

Wissenschaftliche Erklärungsansätze für die Bildung kollektiver Identität findet man in der Sozialpsychologie. Die auch der Alltagsbeobachtung zugängliche Einsicht, dass Wettbewerb und Konflikt den Zusammenschluss und die Identifikation mit einer Gruppe bestärken, wurde in dem bekannten Ferienlager-

15 Essentialistisch ist abgeleitet von lateinisch essentia = (inneres) Wesen.

Experiment des Sozialpsychologen Muzafer Sherif bestätigt, der Jugendliche in zwei stabile Gruppen aufteilte und in sportlichen Wettkämpfen miteinander konkurrieren ließ (dazu Zick 1997). *Wettbewerb* ist im Sport ein naheliegendes Motiv für die Bildung einer kollektiven Identität (Fangemeinden). Aber auch wirtschaftlicher Wettbewerb begünstigt besonders im Zeichen des Neoliberalismus die Bildung fiktiver Gemeinschaften.

Äußerst aufschlussreich ist *das »Minimalgruppen«-Experiment* von Henri Tajfel und John C. Turner, weil es gezeigt hat, wie willkürlich und auch belanglos die gewählten Gemeinsamkeiten sein können, die oft zur Identifikation mit einer Gruppe führen. Schüler*innen wurden in zwei Gruppen aufgeteilt, nachdem man sie gebeten hatte, eine Wahl zwischen den Werken von zwei Malern zu treffen. Danach wurden sie aufgefordert, an zwei fiktive Mitglieder der eigenen und der anderen Gruppe Geldbeträge zu verteilen. Aus der stärkeren Bevorzugung der jeweils eigenen Gruppe, also der mit gleichem Geschmack, schlossen die Forscher auf eine In-Group-Out-Group-Bildung bei einem minimalen Unterscheidungsmerkmal (de.wikipedia.org: »Theorie der sozialen Identität«). Das überrascht im Gegensatz zu dem Forschungsergebnis, dass ein Überzeugungs- oder Glaubenssystem (»belief system«), über das sich eine Gruppe definiert, die Bewertung der Eigengruppe wie der Fremdgruppen beeinflusst.

Aus der soziologischen Forschung lässt sich die Studie von Norbert Elias und John S. Scotson (1990) über *Etablierte und Außenseiter* heranziehen, obwohl deren Leitgedanke eher machttheoretischer Art war. Die Forscher beobachteten, dass sich die Bewohner eines älteren Stadtteils, die schon eine relativ homogene Gemeinde bildeten, gegenüber den neu hinzugezogenen in einem Nachbarquartier abgrenzten und ein noch stärkeres Wir-Bild entwickelten. Sie konnten sich so einbilden, besser zu sein, und damit einen psychischen Gewinn für sich verbuchen.

Die Studie »Die feinen Unterschiede« von Pierre Bourdieu (1982) zeigt, dass sich innerhalb sozialer Klassen ein bestimmter »Habitus« herausbildet, der die Umgangsformen, die kulturellen Vorlieben etc. bestimmt, und damit auch die Kontakte beeinflusst. *Die »Distinktion«* nach unten oder auch nach oben drückt zweifellos ein Selbstverständnis aus, impliziert also eine soziale Identität. Habitus darf jedoch nicht mit Identität gleichgesetzt werden. Diese meint das Verhalten der Sozialisierten zu den habituell gewordenen Eigenheiten, zum Habitus also. Diesen kann man hoch schätzen, ja für einmalig halten, aber auch abwerten, verleugnen, zu vertuschen versuchen. Identität ist zwar auf den Habitus bezogen, meint ähnlich auch Stephen Mennell, erstere impliziere aber einen höheren Grad von bewusster Wahrnehmung seitens der Mitglieder der Gruppe, mehr Reflexion und Artikulation, positive oder negative Gefühle gegenüber den gemeinsam geteilten Charakteristika (1994, 177).

Wieweit sich die Ergebnisse von Bourdieus Studie heute noch bestätigen ließen, sei dahingestellt. Denn die sozialen Milieus haben sich verändert, abgesehen davon, dass die Klassenunterschiede in Frankreich nicht ohne weiteres verallgemeinerbar sind. Als sicher kann gelten, dass man in Deutschland nicht mehr das proletarische Milieu von früher findet. Generell sind die quasi »gewachsenen«, meist lokalen Gemeinschaften selten geworden, so dass das Bedürfnis nach Zugehörigkeit den Anschluss an Gruppierungen erklärt, die oft nicht viel mehr verbindet als die Begeisterung für einen Musikstil, eine Musikerin, einen Sportclub etc. Das für die Identifikation gewählte Merkmal ist oft sehr abstrakt, was der Gemeinsamkeit imaginären Charakter verleihen kann. Über die Sozialen Medien lassen sich schnell verbindende Liebhabereien, Leidenschaften, Leidenserfahrungen und Weltauffassungen entdecken. Noch häufiger als früher handelt es sich dabei nur um *eine »ideelle Partizipation«* (Schubert 1984, 121). Die Bedeutung für die Identität der einzelnen wird unter Umständen durch die Selbstpräsentation im Wohnbereich oder im Outfit verdeutlicht (Fanartikel, Kleidung, Accessoires). Die verwendeten Symbole bestätigen zugleich die kollektive Identität.

Gestützt werden kollektive Identitäten also zum einen durch das persönliche Bedürfnis nach Zugehörigkeit oder nach Aufwertung der Person, zum anderen oft durch ökonomische und politische Interessen. Nicht selten wird kollektive Identität auch für solche Interessen benutzt, wenn sie nicht sogar im Einzelfall dafür geschaffen worden ist.

Das gilt sehr häufig für Vergemeinschaftungen nach ethnischen Merkmalen. Diese sind meist vielschichtig oder überdeterminiert, gefördert von wirtschaftlichem Interesse oder in sozioökonomischer Benachteiligung begründet, aber festgemacht an religiösen oder sprachlichen, generell kulturellen Differenzen. Kollektive Identität ist dennoch eine soziale Tatsache, keine bloße Fiktion, wie der Konstruktivismus nahelegt. Möglicherweise gewinnen diesen Status kollektive Identitäten, die im Cyber Space hergestellt worden sind.

3. Identitätspolitik – der Kampf um Anerkennung

Der Begriff Identitätspolitik ist mehrdeutig. Er wird oft für drei grundlegend verschiedene Bewegungen oder Initiativen verwendet: erstens für soziale Bewegungen, speziell die Frauenbewegung, die Antirassismus-Bewegung und die Schwulenbewegung; zweitens für fundamentalistische Bewegungen; drittens aber auch für rechtskonservative bis rechtsextreme Politikansätze.[16] Eine solche Identitätspolitik der mächtigen »weißen« Mehrheit ist aber von einer Identitätspolitik der Mar-

16 Vgl. zum Beispiel das Sachregister der Blätter f. dt. u. internat. Politik oder den Pressespiegel zum Thema von Meinfeld (2017).

ginalisierten zu unterscheiden. Thomas Meyer (2002) unterscheidet zwischen »konstruktiver« und »fundamentalistischer Identitätspolitik« (34f.). Bei letzterer handle es sich meist um den »Missbrauch kultureller Unterschiede« (Buchtitel). Fundamentalistische Bewegungen sind dadurch gekennzeichnet, dass sie mit missionarischem Eifer, teils mit extremer Militanz die Anerkennung ihrer Ideologie, oft auch die Ausweitung ihres Herrschaftsanspruchs anstreben. Zum Teil werden auch Revolten von diskriminierten ethnischen Gruppen als eine Form von »Identitätspolitik« behandelt.

Unter Identitätspolitik im engeren Sinn soll der Kampf einer Minderheit um die Anerkennung des eigenen Selbstverständnisses verstanden werden, verbunden mit dem Anspruch auf Anerkennung der eigenen Leistungen für die Gesellschaft, dem der Kampf um gleiche Rechte und gleiche Chancen der Selbstverwirklichung entspricht. Formen der Diskriminierung in Vergangenheit und Gegenwart bilden ein zentrales Thema. Das impliziert die Kritik an Ideologien, die gesellschaftliche Verhältnisse naturalisieren, das heißt, als naturgegeben suggerieren. Kennzeichnend für diese Art von Identitätspolitik ist das Bemühen um öffentliche Aufmerksamkeit, für die eine Gegenöffentlichkeit angestrebt und genutzt wird. Ihr Hauptfeld ist daher der öffentliche Diskurs.

Ziel dieser Art von Identitätspolitik ist das Aufbrechen konventioneller Rollenvorstellungen, wobei die Betroffenen zum Teil biologistische oder nativistische Weltbilder revolutionieren müssen. Rassismus, Sexismus oder Transphobie stehen ihren Selbstverwirklichungsansprüchen entgegen. Zu erinnern ist an die sozialen Voraussetzungen gelingender Identitätsarbeit nach Keupp, nämlich die Verfügung über kulturelle Ausdrucksmittel, über materielle und soziale Ressourcen und speziell der Genuss sozialer Anerkennung. Der Anstoß für Identitätspolitik ist in der Terminologie des Sozialphilosophen Axel Honneth (1998, 264) die »Verletzung moralischer Ansprüche«.

Für das Verständnis von Identitätspolitik sind *zwei Grundzüge der Moderne* in Erinnerung zu rufen: Alles ist reflexiv geworden, alles kann in Frage gestellt werden, Konventionen, herkömmliche Gebote und Tabus, generell alle Normalitätsvorstellungen. Damit verbunden ist zweitens die Vorstellung, dass die Welt machbar ist, und alles hergestellt oder konstruiert werden kann.[17] Nichts ist gottgegeben oder auch einfach Natur. So ließe sich auch die binäre Geschlechterordnung als naturgegeben in Zweifel ziehen. Zwei Begleiterscheinungen der kapitalistischen Entwicklung, die Migrationsprozesse und auch die Medien steigern noch die Reflexivität, indem sie uns unsere Welt fremd erscheinen lassen. Nach Joshua Meyrowitz »bringen die Medien ein Bewusstsein des ›generalisierten Anderswo‹ hervor, indem sie uns … mit externen Perspektiven versorgen. Dieses generalisierte Anderswo dient als Spiegel, in dem wir den eigenen Ort wahrnehmen und beurteilen« (1998, 178). Die Migration konfrontiert Menschen mit differenten Lebensweisen und anderen kulturellen Orientierungssystemen.

Initiiert wird die Identitätspolitik einer Minderheit oft durch ein Ereignis, das die Diskriminierung der Gruppe überdeutlich werden lässt. Ein prägnantes Beispiel dafür liefert der Protest von Schwulen und Transsexuellen gegen die Schikanen der Polizei im Juni 1969 in New York, der zu tagelangen Straßenschlachten führte. Ausgangspunkt war eine Bar in der Christopher Street – der Anfang der LBTGQ-Bewegung.

Formen der Missachtung als Konfliktpotential

Nach Axel Honneth muss man, um gesellschaftliche Konflikte zu verstehen, neben dem Kampf für ökonomische Interessen

17 Der Konstruktivismus spitzt dies auf die Doktrin zu, dass unsere Welt ein Konstrukt sei. Demnach gibt es keine objektive Realität. Als einziges Kriterium gilt Viabilität, d. h. ob ein Gedanke oder eine Handlung sich als brauchbar erweist. Diese Doktrin hat die Gender-Debatte beeinflusst.

den Kampf um Anerkennung als Motiv in Rechnung stellen, wobei er dies als ausschließliches Motiv nur für bestimmte soziale Bewegungen annimmt. Manche Kämpfe sind seiner Ansicht nach von wirtschaftlicher Not angetrieben und lediglich von dem »moralischen« Motiv eingefärbt (1998, 267 f.). Kämpfe um Anerkennung entzünden sich an der Erfahrung von Missachtung und Erniedrigung und führen zu Widerstand und Protest, wenn »individuelle Erfahrungen von Missachtung als typische Schlüsselerlebnisse einer ganzen Gruppe gedeutet werden« (260), so dass sie zu kollektiven Forderungen ermutigen.

Honneth unterscheidet *drei Formen von Anerkennung* und entsprechende Formen verweigerter Anerkennung innerhalb der bürgerlichen oder modernen Gesellschaft, wobei er die Strukturmerkmale dieser Gesellschaft zugrunde legt, nämlich die Trennung zwischen Privatsphäre und öffentlicher Sphäre, zwischen Recht, Wirtschaft und Politik. Die Form der Anerkennung im privaten Bereich nennt er »Liebe«. Gemeint ist damit die liebevolle Zuwendung innerhalb der Familie oder die vertrauensvolle Freundschaft. Diese Anerkennung innerhalb von »Primärbeziehungen« schafft »Selbstvertrauen«. Die zweite Form der Anerkennung betrifft die Rechtsverhältnisse. Sie besteht im Zugeständnis gleicher Rechte und hat zur Voraussetzung, dass dem Individuum oder der Gruppe »moralische Zurechnungsfähigkeit« zugebilligt wird.[18] Mit Entrechtung und Ausschließung aus der Gesellschaft mündiger Bürger*innen wird diese Art von Anerkennung verweigert (211). Aber formal gleiche Rechte, d. h. Geschäftsfähigkeit und vollwertige Staatsbürgerschaft, sind zwar fundamental für die »Selbstachtung«. Sie können aber nach Honneth die »Identitätsansprü-

18 Würde der Person gründet nach Fukuyama in der spezifisch menschlichen Befähigung zur moralischen Wahl und impliziert damit einen universellen Anspruch (2019, 58).

che« des Individuums nicht ganz befriedigen. Denn der oder die einzelne möchte auch mit seinen konkreten Eigenschaften und Fähigkeiten als integere Person geschätzt werden. Diese Form der Anerkennung bezeichnet Honneth als »soziale Wertschätzung« (179, 183), deren Negation als »Entwürdigung und Beleidigung« (211). Verletzt ist damit die Würde der Person. Die letzten beiden Formen der Anerkennung sind für unsere Thematik relevant.

Historisch sieht Honneth im Übergang zur modernen Gesellschaft zwei Prozesse wirksam: den »der rechtlichen Universalisierung der ›Ehre‹ zur ›Würde‹ einerseits, der Privatisierung der ›Ehre‹ zur subjektiv definierten ›Integrität‹ andererseits« (204). Entrechtete oder abgewertete Personen können sich also bei der Forderung nach Anerkennung nur auf *die allgemeine Menschenwürde* und auf ihren Beitrag zur Umsetzung gesellschaftlicher Ziele berufen (ebd.).[19] Die Bewertung eines solchen Beitrags und die gegenseitige Wertschätzung haben nach Honneth »die Existenz eines gemeinsam geteilten Werthorizonts« zur Voraussetzung (196). Er meint: »Das kulturelle Selbstverständnis einer Gesellschaft gibt die Kriterien vor, an denen sich die soziale Wertschätzung von Personen orientiert« (198).

Oft war es so, dass einer ganzen Gruppe aufgrund von Vorurteilen, zum Teil naiven Zuschreibungen, die Erfüllung jener Kriterien nicht zugetraut wurde, wie es über lange Zeit bei Frauen der Fall war, denen in Deutschland erst 1919 das Wahlrecht und in der Bundesrepublik erst zur Mitte des vorigen Jahrhunderts volle Geschäftsfähigkeit zugestanden wurde. Ähnliches gilt oder galt für Schwarze und manche Gruppen von Behinderten. Oft müssen die konventionellen Normen radikal in Frage gestellt werden, damit einer Gruppe von Menschen wie Schwulen und Lesben nicht länger die soziale Wertschätzung verweigert wird (vgl. Fraser 2001, 38).

19 In affirmativer Lesart ist dieser Satz ausgesprochen problematisch.

Dass *die kapitalistische Profitlogik* teilweise die Diskriminierung perpetuiert, bleibt bei dem philosophischen Ansatz von Honneth außen vor. Zum Beispiel lässt sich die hartnäckige Fortdauer der ungleichen Entlohnung weiblicher und männlicher Beschäftigter nur dadurch erklären, dass Unternehmen die noch in vielen Köpfen verankerten Stereotype für Extraprofite nutzen. Und die Aufrechterhaltung des konventionellen Frauenbilds stützte die Ausbeutung der Frauen für die kostenlose Arbeit im Haushalt, in der Kindererziehung und Pflege, kurz der individuellen Reproduktion.

Aber wie kommt es nach Honneth zu den Kämpfen um Anerkennung, wie wir sie vor allem seit Mitte des vorigen Jahrhunderts erleben? Für den einzelnen Menschen können Verletzungsgefühle und Erfahrungen von Benachteiligung nur dann zur Basis von kollektivem Widerstand und Protest werden, »wenn das Subjekt sie in einem intersubjektiven Deutungsrahmen zu artikulieren vermag, der sie als typisch für die ganze Gruppe ausweist; insofern hängt die Entstehung von sozialen Bewegungen von der *Existenz einer kollektiven Semantik* ab«, so Honneth (262, Hervorh. G. A.). Darüber hinaus komme es darauf an, »welcher sozialen Gruppe es gelingt, die eigenen Leistungen und Lebensformen öffentlich als besonders wertvoll auszulegen« (205). Denn die Wertschätzung wird nach Honneth, wie bereits vermerkt, vom gesellschaftlichen Wertsystem, der Interpretation gesellschaftlicher Ziele bestimmt. Soziale Bewegungen tragen dazu bei, die Betroffenen »aus der lähmenden Situation der passiv erduldeten Erniedrigung herauszureißen und ihnen dementsprechend zu einem neuen positiven Selbstverhältnis zu verhelfen« (263).

Die Formen von Widerstand und Protest können unterschiedlich sein, so Honneth, gewaltsam und gewaltlos, oft symbolisch-diskursiv (261). In der Regel werden Eingriffe in den öffentlichen Diskurs, symbolische Provokationen und politische Aktionen einander ergänzen.

Anerkennung und Gleichheit in sozialen Bewegungen

Entrechtung und Mangel an sozialer Wertschätzung, nach Honneth zwei Dimensionen verweigerter Anerkennung, lassen sich analytisch unterscheiden, greifen aber praktisch ineinander. Menschen, denen die gleichen bürgerlichen Rechte versagt werden, müssen auch eher mit einem herabwürdigenden Umgang im Alltag rechnen. Deshalb war und ist der Kampf um Anerkennung bei diskriminierten und benachteiligten Gruppen verständlicherweise immer, wenn auch in unterschiedlichem Maß, ein Kampf um gleiche Rechte, und zwar einschließlich des Rechts auf politische Partizipation. Denn erst demokratische Rechte ermöglichen wiederum die Durchsetzung bürgerlicher Rechte oder auch kultureller Ansprüche. Der Schwerpunkt lag und liegt aber je nach Strömung und historischer Phase einmal

Mit dem **Gleichheitspostulat** ist zunächst der Anspruch einer jeden und eines jeden auf eine menschenwürdige Behandlung gemeint. »Alle Menschen sind frei und gleich an Würde und Rechten geboren« (Artikel 1 der Allgemeinen Erklärung der Menschenrechte von 1948). In dieser Bedeutung hat der Begriff seinen utopischen und revolutionären Gehalt. Unter kapitalistischen Verhältnissen kann es jedoch allenfalls die Gleichheit der bürgerlichen und politischen Rechte geben. Gleichheit im bürgerlichen Verständnis meint die Abschaffung aller ständischen oder rechtlichen Privilegien. Die Gleichheitsforderung muss sich unter gegebenen Verhältnissen auf die nach Chancengleichheit oder nach gleichen Verwirklichungschancen (capability) beschränken. Das hat sozialpolitisch die Forderung nach Umverteilung des gesellschaftlich erwirtschafteten Reichtums, m. a. W. nach einem größeren Anteil am Mehrwert für die breite Masse zur Konsequenz.

mehr auf dem Streben nach soziokultureller Anerkennung oder mehr auf der Forderung nach rechtlicher Gleichstellung.

Honneth beschränkt sich auf Anerkennung und dabei auf die Rechtsverhältnisse. *Nancy Fraser* (2001) dagegen ergänzt die Forderung nach Anerkennung (recognition) um die nach Umverteilung (redistribution) des gesellschaftlichen Reichtums, weitet also die Gleichheitsforderung auf die Sozialpolitik aus und zeigt am Beispiel der Frauenbewegung, dass diese auf sozialpolitische Forderungen nicht verzichten konnte und kann.

Mit der Forderung nach Umverteilung des gesellschaftlichen Reichtums ist das Pauschalurteil in Frage gestellt, Identitätspolitik an sich vernachlässige die soziale Frage und blende die Klassenverhältnisse aus. Wir werden im Folgenden sehen, dass ein solches Pauschalurteil den sozialen Bewegungen in ihrer Verschiedenheit nicht gerecht wird. Denn je nach Art ihrer Diskriminierung müssen Minderheiten entweder mehr rechtliche und sozioökonomische Reformen fordern und erkämpfen oder mehr auf eine kulturelle Destruktion stereotyper Bilder hinarbeiten.

Ideengeschichtlich bildete die Erklärung der Menschen- und Bürgerrechte der französischen Nationalversammlung von 1789 die Initialzündung für solche Bewegungen. Ganz allgemein sind sie dem *Geist der bürgerlichen Aufklärung* verpflichtet. In Artikel 1 deklarierte die französische Nationalversammlung: »Die Menschen (les hommes) werden frei und gleich an Rechten geboren und bleiben es. Gesellschaftliche Unterschiede dürfen nur im allgemeinen Nutzen begründet sein.« Abgesehen von der im zweiten Satz formulierten Einschränkung war der Artikel auch insofern mehrdeutig, als l'homme im Französischen ebenso Mann wie Mensch bedeutet. Die versammelten Revolutionäre und ihre Zeitgenossen verbanden ursprünglich noch keine universalistische Vorstellung mit ihrer Deklaration. Die angestrebte Emanzipation beschränkte sich auf männliche Bürger und noch enger auf weiße Männer. Diese Beschränkung wurde vom Konvent erst in der radikalen Phase der Revolution (im Februar 1794) durch die Abschaffung der Sklaverei in den Kolonien korrigiert. Aber die gedanklich Ausgeschlossenen hatten schon vorher die Deklaration für sich in Anspruch genommen. So haben die Sklaven in der französischen Kolonie Saint Domingue zwei Jahre nach der Deklaration ihren Aufstand von 1791 legitimiert. Und im selben Jahr publizierte Olympe de Gouges (1748-1793), eine aufgeklärte Frau mit unkonventioneller Lebensweise, ihre Erklärung der Frau und Bürgerin (Déclaration des droits de la femme et de la citoyenne). In Artikel I erklärte sie: »Die Frau wird frei geboren und bleibt dem Mann an Rechten gleich. Soziale Unterschiede können nur im allgemeinen Nutzen begründet sein.« »Der Zweck jeder politischen Vereinigung« sollte »die Erhaltung der natürlichen und unantastbaren Rechte der Frau und des Mannes« sein. »Dies sind die Rechte auf Freiheit, Eigentum, Sicherheit und besonders auf Widerstand gegen Unterdrückung« (Artikel II). Die Frau sollte das Recht haben, »ein Podium zu besteigen; unter der Voraussetzung, dass ihre Bekundungen nicht die durch das Gesetz festgelegte öffentliche Ordnung stören« (Artikel X). In Artikel XVII hieß es: »Eigentum gehört allen Geschlechtern gemeinsam oder einzeln; es ist für jeden ein unverletzbares und heiliges Recht; niemandem kann es als wahres Erbe der Natur entzogen werden«, eine damals revolutionäre Forderung (olympe-de-gouges.info/frauenrechte). Wegen ihrer generellen Kritik an der Politik der Jakobiner – Frauenrechte waren dabei nicht im Fokus – wurde Olympe de Gouges 1793 geköpft.

Die beiden historisch frühen Emanzipationsbewegungen, *Black Movement und Frauenbewegung*, reichen bis in das letzte Drittel des 19. Jahrhunderts zurück. Der schwarze US-Sozialwissenschaftler William E. B. Du Bois (1868-1963) initiierte eine Bewegung, die volle bürgerliche Freiheiten und ein Ende der Diskriminierung von Schwarzen forderte. »Let not mere colour or race be a feature of distinction drawn between white and black men, regardless of worth or ability!«, so sein Appell.

1909 wurde Du Bois Gründungsmitglied der National Association for the Advancement of Colored People (NAACP), einer bis heute bestehenden Institution der antirassistischen Bürgerrechtsbewegung (de.wikipedia.org: »W. E. B. Du Bois«). Aber Du Bois beschränkte sich nicht darauf, gleiche Bürgerrechte für Schwarze zu fordern, sondern strebte auch die Anerkennung der Kultur der Schwarzen an. Schwarze Musik, damals Negro Spirituals und früher Jazz (Ragtime), erklärte er zu einem »einzigartigen spirituellen Erbe« (ebd.). Der Kampf um kulturelle Anerkennung spielte später in der schwarzen Bürgerrechtsbewegung kaum noch eine Rolle, wenn man von der Kritik am Eurozentrismus der universitären Lehrangebote absieht. Die Teilnahme von Afroamerikanern am ersten Kongress der Societé Africaine de Culture in Paris im Jahr 1956 blieb eine Episode. Denn man realisierte, dass die von afrikanischen Intellektuellen gegründete Sozietät Antworten auf eine ganz andere Art Unterdrückung suchte (Fanon 1981, 183).

Innerhalb der ab Mitte des 19. Jahrhunderts erwachenden bürgerlichen Frauenbewegung gab es, jedenfalls im deutschsprachigen Raum, zwei Strömungen, von denen die eine den Kampf um gleiche bürgerliche und politische Rechte in den Vordergrund stellte und die andere die Anerkennung der besonderen weiblichen Begabungen und Beiträge zur Gesellschaft anstrebte. Die erste Strömung trat in Deutschland, anders als in den USA und Großbritannien, am Anfang mit der Forderung nach gleichen Bildungschancen für Mädchen und Frauen an die Öffentlichkeit.[20] Erst allmählich lösten Bemühungen um das aktive und passive Wahlrecht die bildungspolitische Programmatik ab.[21] Eine Ausnahmestellung nimmt Hedwig Dohm

20 Die frühe bürgerliche Frauenbewegung in Deutschland wurde vorwiegend von Frauen aus pädagogischen Berufen getragen.

21 Am Lebenslauf von Helene Lange (1848-1930), 1919 Mitbegründerin der Deutschen Demokratischen Partei, ließe sich die Entwicklung biographisch aufzeigen.

(1831-1919) ein, die 1873 gleich nach der Reichsgründung das Wahlrecht forderte. Unmissverständlich ist ihre Parole »Menschenrechte haben kein Geschlecht«.

Der zweiten Strömung wird zum Beispiel Gertrud Bäumer (1873-1954) zugeordnet, die vom »weiblichen Prinzip« eine Humanisierung der Gesellschaft erwartete. Auch das Motto »Mütterlichkeit als Beruf«, das 1893 die Initiatorinnen der Mädchen- und Frauengruppen für soziale Hilfsarbeit leitete, entsprang essentialistischen Vorstellungen vom Wesen der Frau. Sich soziale Berufe zu erschließen, war aber zugleich ein strategischer Schachzug, um generell die Beschränkung auf die Familienrolle zu überwinden.

Wir finden also sowohl bei den Anfängen der schwarzen Bürgerrechtsbewegung als auch bei der frühen Frauenbewegung die Forderung nach Anerkennung in beiden Formen, als rechtliche Gleichstellung und als Respektierung von spezifischen kulturellen Leistungen. Die »soziale Frage« wurde jedoch von der damaligen bürgerlichen Frauenbewegung nur in der Advokatenrolle wahrgenommen, was angesichts des sozialen Hintergrunds der Aktivistinnen kaum anders sein konnte.[22] Man versuchte, das Leben der Frauen in den Arbeiter- und Elendsvierteln durch die Arbeit in Krippen und Horten oder durch Volksküchen zu erleichtern und die Hilflosigkeit und Wehrlosigkeit durch Bildungsangebote zu mildern. Über das Engagement karitativer Art gingen höchstens Voten pro Abschaffung oder zumindest Reform der vormodernen Gesindeordnung hinaus, die Dienstboten ihren »Herrschaften« auslieferte.

22 Erwähnung verdienen die sozialpolitischen Forderungen von Olympe de Gouges, die sie schon vor 1789 erhob. Unter anderem forderte sie eine Luxussteuer zur Finanzierung einer Armenhilfe. Anhängerinnen des Frühsozialismus forderten die Befreiung aller Frauen. Flora Tristan (1803-44) und Louise Otto (1819-95) nahmen die soziale Not wahr und setzten sich für das Proletariat ein (Notz 2018, 38 ff.).

Der sozialpolitische Kampf war Sache der proletarischen Frauenbewegung, deren Ziele sich nicht von denen der Arbeiterbewegung als ganzer unterschieden; denn die Begrenzung des Arbeitstags, Arbeitsschutz, Kündigungsschutz, existenzsichernde Entlohnung, gewerkschaftliche Rechte waren für Arbeiterfrauen und Arbeiterinnen ebenso existentiell wie für Arbeiter. Die politische Arbeit beschränkte sich aber nicht auf Politik im engeren Sinn. Zum Beispiel konnten die Arbeiterinnen in sogenannten Werkstubenzusammenkünften ihre oft frauenspezifischen Erfahrungen und Beschwernisse austauschen.

Die Forderung nach dem *allgemeinen*, nicht mehr vom bürgerlichen Besitzstand abhängigen Wahlrecht trennte die sozialistische von der bürgerlichen Frauenbewegung, wo man sich bis zum Ende der Monarchie dazu nicht durchringen konnte (Notz 2018, 46f.). Reformforderungen zum Ehe- und Familienrecht, zum Beispiel zur Gleichstellung »unehelicher« Kinder, aber auch pazifistische Bestrebungen stifteten eine Gemeinsamkeit zwischen Teilen der bürgerlichen Frauenbewegung und der proletarischen Frauenbewegung.[23] 1910 wurde in Kopenhagen auf Antrag von Clara Zetkin, der namhaften Vertreterin der proletarischen Frauenbewegung, der Internationale Frauentag als Kampftag für Gleichberechtigung und Frieden beschlossen.

Nancy Fraser dekliniert als Feministin ihre Unterscheidung zwischen einer Politik der Anerkennung und einer Politik der Umverteilung exemplarisch an der Frauenbewegung durch. Ihr Ziel ist es, »die emanzipatorischen Dimensionen« beider Ansätze zu bestimmen und in einem Theorierahmen zu verbinden« (2001, 15). Zugleich zeigt sie im Verlauf ihrer Untersuchung, dass fast durchweg beide Dimensionen in der politischen Praxis zur Geltung kommen, selbst dort, wo die sozialpolitische Dimension programmatisch zu kurz kommt, was oft auf ein

23 Alice Salomon steht zum Beispiel für den Teil der bürgerlichen Frauenbewegung, der sich für den Frieden engagierte.

Selbstmissverständnis zurückzuführen ist. Politisch ist Fraser der Ansicht, dass »ein kritischer Ansatz« das Ökonomische und das Diskursive integrieren muss, in ihren Worten »zweiwertig« sein muss (17).

Soziale Bewegungen entspringen nach ihr *zwei Formen von »Ungerechtigkeit«*, der sozioökonomischen und der kulturellen, wobei sie aber nur die Frauenbewegung und die schwarze Bürgerrechtsbewegung im Blick hat. Sozioökonomische Ungerechtigkeit besteht in Ausbeutung, wirtschaftlicher Marginalisierung (im Niedriglohnsektor oder als Erwerbslosigkeit) oder in »Deprivation«, mit anderen Worten in Armut. Kulturelle Ungerechtigkeit kann sich in »kultureller Dominanz« äußern – das meint die Unterordnung unter fremde kulturelle Muster und Normen – oder in fehlender Anerkennung, weil man durch die kulturellen Praktiken der Darstellung und Kommunikation »ins Unsichtbare verbannt« ist. Das Extrem ist die »Missachtung«, die sich in stereotypen Darstellungen in Medien und/oder der Herabsetzung im Alltag äußert.

Fraser ist sich darüber im Klaren, dass beide Formen von Ungerechtigkeit in der sozialen Praxis miteinander verwoben sind (29). Sie konstatiert jedoch, dass die ihnen entsprechenden Politikansätze, nämlich Politik der Umverteilung und Politik der Anerkennung, häufig einander widersprechende Ziele verfolgen (33). Dem »Umverteilungs-Anerkennungs-Dilemma« können soziale Bewegungen ihr zufolge nicht entgehen, solange sie nicht essentialistische Vorstellungen von Besonderheit und Differenz zugunsten von »Transformation« hinter sich lassen, was vor allem auf kulturellem Gebiet die Dekonstruktion von vorgeblichen Wesenseigenschaften verlangt (48).[24]

---

24 Gayatri Chakravorty Spivak propagiert dagegen einen »strategischen Essentialismus«, weil eine Minderheit nicht für ihre Rechte kämpfen kann, ohne ihre Eigenheiten gegenüber der übrigen Gesellschaft hervorzuheben, was auch die Ausblendung der inneren Heterogenität der Gruppe verlangt (dazu Bringmann 2017).

Bevor Fraser auf politische Strategien eingeht, verdeutlicht sie den »zweiwertigen Modus« (42) von »Unrechtsverhältnissen« am Beispiel von Gender. Das heißt, Frauen sind zum einen wirtschaftlich und sozial benachteiligt, zum Beispiel durch die Abdrängung in Leichtlohngruppen. Zum anderen erfahren sie aufgrund des noch nicht überwundenen Androzentrismus Missachtung oder Abwertung, weil mit Männlichkeit assoziierte Eigenschaften maßgebend sind (41). Dabei wird leicht erkennbar, dass zum Beispiel der Versuch, Frauen auf bestimmte Berufe zu beschränken, von kulturellen, um nicht zu sagen ideologischen Mustern bestimmt ist. Beides ist miteinander »verklammert« (252).

Der Begriff **Dekonstruktion** geht auf den Philosophen Jacques Derrida zurück, demzufolge es keine eindeutige Lesart von Texten, keine letztgültige Bedeutung gibt. Die »normale« Lesart muss erst destruiert werden, um eine neue zu gewinnen. Analog dazu fordert zum Beispiel die Queer-Theorie »die Auflösung der Fixierung auf Binaritäten wie Weiß/Schwarz« (de.wikipedia.org: »Queer-Theorie«), um die mit der binären Geschlechterordnung verbundene Verdrängung und Marginalisierung zu überwinden. Es geht um die Überwindung einer biologistischen oder auch kulturalistischen Festschreibung der Geschlechterdifferenz mit dem Ziel, neue Möglichkeiten des Selbst- und Fremdverständnisses zu eröffnen. (Einen praktischen Zugang dazu hat meines Erachtens Frigga Haug mit der Methode der kollektiven »Erinnerungsarbeit« in Frauengruppen geschaffen. Die Teilnehmerinnen versuchen, an selbst beschriebenen Szenen aus ihrer Vergangenheit die Art ihrer Einwilligung in die vorgesehene Frauenrolle aufzudecken [Haug 1990].)

Fraser hält nur *»transformative Strategien«* für erfolgversprechend. Denn »die Bekämpfung einstellungsgeschuldeter Diskriminierung« (58) sei unzureichend, solange das System der gesellschaftlichen Arbeitsteilung als Ganzes nicht in Frage gestellt wird.[25] Eine solche Strategie gegen sozioökonomische Benachteiligung wird ebenso als »affirmativ« charakterisiert wie jede Strategie gegen kulturelle Abwertung, die starren Vorstellungen von Differenz verhaftet bleibt. Die »affirmative action« für Afroamerikaner*innen zum Beispiel, die schon das entsprechende Prädikat hat, bringt die Schwarzen nach Fraser nur allzu leicht in die »Rolle privilegierter Nutznießer einer Sonderbehandlung« (61), ohne die Strukturen und Denkweisen zu verändern.[26] Für Fraser ist es mit Blick auf die Frauenbewegung, aber auch auf den Kampf gegen Rassismus unabdingbar, »den Boden der Identitätspolitik (zu) verlassen« und Identitäten und Differenzen als »repressive Fiktionen« zu behandeln (253).

Eine Identitätspolitik im Verständnis von Fraser, das heißt eine auf essentialistischen Argumentationsmustern basierende, ist in *der deutschsprachigen Frauenbewegung* auf eine verschwindend kleine Minderheit beschränkt gewesen. Die Vergangenheitsform deshalb, weil die Frauenbewegung als »Massenbewegung« nach Frigga Haug (1999) Anfang der 1980er Jahre endete (853; vgl. Knafla/Kulke 1991). Rückblickend stellt Haug fest, dass »die Auseinandersetzung um Gleichstellung der Geschlechter oder ihrer (sic!) Differenz die Bewegung spaltete« (855). 1981 hatte sie beim Versuch, das Verhältnis zur Arbeiterbewegung abzuklären, in deutlicher Distanz zur autonomen Frauen-

25 Fraser geht nicht so weit, die kapitalistische Produktionsweise in Frage zu stellen, obgleich sie öfter den Begriff Sozialismus gebraucht.

26 Weniger überzeugt ihr Einwand gegen die Reform der universitären Lehrangebote, die einige Zeit in den USA für Aufregung gesorgt hat. Schwarze Intellektuelle hatten sie gefordert, weil die Curricula zu eurozentrisch seien. Gefordert wurde die Erweiterung um Themen wie die Geschichte der Sklaverei, um schwarze Literatur und Musik.

bewegung geschrieben: »Die Kämpfe der bisherigen, autonom sich nennenden Frauenbewegung beziehen sich auf die Werte, Vorbilder, Tabus, Vorurteile, Gewohnheiten, zwischenmenschliche sexuelle und geistige Praxen. Sie sind in dieser Weise kulturelle Kämpfe« (662). Aber Vorstellungen vom »Wesen der Frau« waren damit nicht zwingend verbunden. Das alles lässt sich als Kampf gegen den Androzentrismus interpretieren. Angestrebt wurde, was Honneth »soziale Wertschätzung« nennt.

Das Ergebnis kultureller Kämpfe war die Durchsetzung der geschlechterneutralen Sprache, das Gendern, ebenso die Etablierung von Lehrstühlen für feministische Wissenschaft. Eigene Zeitschriften und andere Medien, eine feministische Literatursparte schufen ein spezielles Diskursforum, eine »alternative Öffentlichkeit« im Sinn von Nancy Fraser (2001). Die Überwindung einseitiger Schamgrenzen, die speziell den Freiheitsraum von Frauen beschränkten, war ein Angriff auf kulturelle Normen wie überhaupt die angestrebte Selbstbestimmung über den weiblichen Körper, die unter anderem zur Konsequenz hatte, die Pornographie und die Vergewaltigung in der Ehe anzuprangern und gegen das Abtreibungsverbot zu kämpfen.

Diese Kämpfe veränderten rechtliche Normen, bedeuteten aber vor allem ein Stück Kulturrevolution. Ein zweiter Schwerpunkt lag auf *rechtlicher Gleichstellung*. Man denke an die Quotierung, die Forderung »Frauen in Männerberufe«, samt der Institutionalisierung von Frauenbeauftragten. Qualifizierte Arbeitsplätze auch für Frauen, lautete die Forderung des Teils der Bewegung, der sich als Sozialistische Frauenbewegung verstand (Haug 1981). Der Kampf für Frauenhäuser und Kindertagesstätten war *sozialpolitischer Natur*, besonders auch die Aufklärung über die drohende Altersarmut von Frauen, verbunden mit dem Eintreten für gleiche Entlohnung. In den 1990er Jahren wurden, wenn auch viel zu wenig, die Folgeprobleme der Care-Migration und generell die Diskriminierungserfahrungen von Migrantinnen aufgegriffen.

Es ging also, aufs Ganze gesehen, nicht um Identitätspolitik im eng verstandenen Sinn. »Das Private ist politisch« zielte ab auf eine neue politische Kultur. Die für die bürgerliche Gesellschaft typische Isolation der individuellen Reproduktion im Schoß der Familie gegenüber der gesellschaftlichen Reproduktion sollte aus der Einsicht heraus überwunden werden, dass das Geschlechterverhältnis mit der gesellschaftlichen Arbeitsteilung zusammenhängt.[27] »Diese Diskussion rührt an die gesellschaftliche Organisation der Arbeit« (Knafla/Kulke 1991, 109; Notz 2018, 88).

Anders als Fraser, die das Festhalten an Differenz als »affirmativ« verwirft, sehen Knafla/Kulke gemeinsam mit Astrid Osterland *ein Dilemma im Umgang mit Differenz.* »So dient das Insistieren auf der grundsätzlichen Differenz der Geschlechtscharaktere im allgemeinen zur Legitimation des patriarchalen Legitimationszusammenhangs …, während umgekehrt die vorschnelle Angleichung, die sich egalitären Bestrebungen verdankt, den kulturrevolutionären Impuls, der sich auf spezifisch weibliche Erfahrungs- und Lebenszusammenhänge beruft, zu ignorieren droht« (zit. Knafla/Kulke 1991, 107). Diese Argumentation erinnert an den »strategischen Essentialismus«, den Gayatri Ch. Spivak propagiert.

Ein vergleichbares Dilemma kennt *die Schwulenbewegung* nicht; denn für sie ist gerade die Anerkennung der Differenz grundlegend. Sie muss rechtliche Gleichheit *ungeachtet* der Differenz fordern.[28] Daher soll die LGBTQ-Bewegung[29] exemplarisch als Gegenbeispiel zur Frauenbewegung herangezogen werden. Die LGBTQ-Bewegung hat keine sozialpolitische Komponente, ihr geht es mit den Worten von Nancy Fraser aus-

---

27 Von Teilen der sogenannten Alternativbewegung wurde das Motto andersherum so verstanden, dass das Private an sich politisch sei, weshalb staatliche Eingriffe abzuwehren seien.

28 Das gilt in ähnlicher Weise für religiöse und sprachliche Minderheiten.

29 Die Abkürzung steht für Lesbian, Gay, Bisexual, Transgender, Queer.

schließlich um Anerkennung, nicht um »Umverteilung«. Das ist insofern verständlich, als die Diskriminierung und Ausgrenzung von Lesben, Schwulen und allen, die sich als queer verstehen, von den Klassenverhältnissen unabhängig ist, wenn sie auch je nach sozialem Milieu subtiler oder brutaler ausfallen mag. Aus den USA wird zum Beispiel berichtet, dass queere Afroamerikaner und Latinos stärker als queere Weiße von Polizeiwillkür betroffen sind. Die LGBTQ-Bewegung entspricht insofern dem Prototyp von Identitätspolitik, als innerhalb der Queer-Community die konstruktivistische Variante von Identitätstheorie radikalisiert wird, indem Geschlecht zum »Aushandlungsergebnis« erklärt und der Wechsel des Geschlechts als »intentional mutation« betrachtet wird (Woltersdorff 2007, 185).

Die Bewegung von Lesben, Schwulen und all derer, die sich der Kategorie Queer zuordnen, hat sich auf Kämpfe um rechtliche und kulturelle Anerkennung konzentriert. Lang wurde für *die Reform des Sexualstrafrechts* gekämpft, die in der Bundesrepublik endlich 1969 durchgesetzt werden konnte, wobei es sich um eine bloße »Liberalisierung des Paragraphen 175 StGB« handelte, die auch noch widersprüchlich war (Holy 1991, 138). In der DDR stand der einschlägige Paragraph schon seit Ende der 1950er Jahre nur noch auf dem Papier. In der BRD konnten Homosexuelle bis1994 nicht ganz vor Strafverfolgung sicher sein.[30] Solche Justizreformen wie die Aufhebung der strafrechtlichen Verfolgung von Homosexuellen haben langfristig auch eine Änderung der Maßstäbe für »Normalität« in den Köpfen zur Folge. Nach Holy blieb aber lange Zeit »die affektgeladene Vorurteilsstruktur« erhalten (ebd.). Noch heute können queere Zeitgenossen nicht in allen Lebensbereichen mit einem unbefangenen Umgang rechnen. So hat eine internationale Studie

30 Zwischen1950 und 1969 kam es in der BRD zu rund 100.000 Ermittlungsverfahren und etwa 50.000 rechtskräftigen Verurteilungen, danach bis zur Abschaffung des § 175 noch zu 14.000 Verurteilungen (junge Welt v. 11.3.2019).

mit rund 4000 Befragten, darunter 500 aus Deutschland, ergeben, dass es hierzulande bisher nur 35 Prozent als Arbeitnehmer*innen gewagt haben, sich an ihrem Arbeitsplatz zu outen (»Nur wenige wagen Coming-out am Arbeitsplatz«, 26.1.2019, www.zeit.de).

Das nächste Ziel der rechtlichen Anerkennung bildete die Einführung des neuen Rechtsinstituts eingetragener Lebenspartnerschaften von Gleichgeschlechtlichen (in der Bundesrepublik 2001) und sodann das Recht auf Eheschließung nach dem Bürgerlichen Gesetzbuch, ein innerhalb der Bewegung nicht unumstrittenes Ziel, das 2017 erreicht wurde. Das Adoptionsrecht hatte das Bundesverfassungsgericht gleichgeschlechtlichen Paaren schon 2013 zuerkannt. Einen Erfolg für Inter- und Transsexuelle im Kampf um rechtliche Anerkennung bildete die Reform des Personenstandsrechts, mit der 2018 eine dritte Geschlechtsoption ermöglicht wurde, konkret die neue ergänzende Eintragung »divers« in Personaldokumenten.

Gestärkt wurde die Bewegung 1971 ff. durch ein Medienereignis, den Praunheim-Film über die Schwulenszene. Holy spricht von einem »kathartischen Konflikt«, der viele zum Coming-Out ermutigte (1991, 140 f.). Gleichzeitig dürfte die Szene damit für andere ihren unheimlichen Charakter eingebüßt haben. Der kulturellen Anerkennung dienten und dienen vor allem die Pride Parades, in Deutschland unter dem Namen *Christopher Street Day* (CSD) bekannt.[31] Der erste wurde 1970, also vor rund einem halben Jahrhundert, in New York durchgeführt. Die ersten Gay Pride Parades in Deutschland wurden

31 Der CSD erinnert an den ersten bekanntgewordenen Aufstand von Homosexuellen und anderen sexuellen Minderheiten gegen die Polizeiwillkür in der New Yorker Christopher Street im Stadtviertel Greenwich Village: In den frühen Morgenstunden des 28. Juni 1969 fand in der Bar Stonewall Inn der sogenannte Stonewall-Aufstand statt. Zu dieser Zeit gab es immer wieder gewalttätige Razzien der Polizei in Kneipen mit trans- und homosexuellem Zielpublikum (de.wikipedia.org: »Christopher Street Day«).

1979 veranstaltet (Bremen, Köln, W-Berlin). Mit ihrem bunten, schrillen Auftreten wollen die an den Umzügen Beteiligten gezielt den Durchschnittsbürger irritieren oder verstören. Vor allem ging es vermutlich darum, die lange Zeit der unsichtbaren, versteckten Existenz zu beenden, Sichtbarkeit zu demonstrieren. Von der Teilnahme Prominenter aus der Kunst- und Musikbranche oder prominenter Politiker*innen am CSD erwartet man sich eine Zunahme gesellschaftlicher Akzeptanz. Ein Feld der Diskursintervention ist das Internet mit Foren, Blogs etc., ein anderes die Schule. So bietet die Bundeszentrale für politische Bildung Unterrichtsmaterial für Haupt- und Berufsschulen mit dem Titel »Entscheidung im Unterricht … Coming-out im Klassenzimmer«. Über die Organisation »Schule ohne Rassismus – Schule mit Courage« ist ein einschlägiges Themenheft zu beziehen. In Nordrhein-Westfalen wurde schon vor über zwei Jahrzehnten eine Unterrichtseinheit erarbeitet, die Schüler*innen mit sexueller Vielfalt vertraut machen sollte. In Baden-Württemberg stieß ein solches Vorhaben vor Jahren jedoch auf wütende Proteste konservativer Eltern und Verbände, was verdeutlicht, wie wenig Queer-Sein immer noch akzeptiert ist.

Resümee: Der Vorwurf oder die Warnung, Identitätspolitik fokussiere zu stark die Lage von Minderheiten und deren Anspruch auf Anerkennung und lasse damit allgemeine soziale Strukturprobleme aus dem Blickfeld verschwinden,[32] lässt sich so pauschal nicht aufrechterhalten. In der Programmatik der Frauenbewegung schließen sich Anerkennung und Gleichheit keineswegs aus. Denn für die breite Masse der Frauen war und ist ohne sozialpolitische Forderungen keine Verbesserung ihrer Lage zu erwarten. Es mag allenfalls sein, dass in dem Maß, in dem die Frauenbewegung den Charakter einer Massenbewegung verloren hat und Feminismus zur Sache von Frauen in

32 Man vergleiche den Pressespiegel von Ole Meinfeld (2017).

gehobenen Positionen geworden ist, die sozialpolitischen Verwerfungen verdrängt werden, vom Klassencharakter der Gesellschaft ganz zu schweigen (vgl. Notz 2018, 118f.). Dergleichen wie die *#Me-too*-Initiative könnte den medialen öffentlichen Diskurs so mit Beschlag belegen, dass soziale Probleme wie die Altersarmut von Frauen in den Hintergrund gedrängt werden. Auf dem Feld der Theorie wird dergleichen begünstigt durch die Wendung vom Geschlechterverhältnis zur dekonstruierbaren Kategorie Gender.

Andererseits wird jedoch gerade im akademischen Milieu die sozialstrukturelle Dimension von Frauenunterdrückung von neuem zum Thema gemacht, seitdem Ende der 1980er Jahre die schwarze US-Juristin Kimberle Crenshaw in Anbetracht der Lage zahlreicher Afroamerikanerinnen auf die Überschneidung von sozialen Bedingungszusammenhängen aufmerksam gemacht hat. Seitdem sorgt das neue Forschungsparadigma *Intersektionalität* dafür, dass die »Kreuzung« sozialer Lagen und Mechanismen der Segregation wieder mehr Beachtung findet. Die verschiedenen Formen von Diskriminierung werden in der feministischen Diskussion auch wieder mit Erfordernissen der Kapitalverwertung in Zusammenhang gebracht (z.B. Winker/Degele 2009). Und die soziale Verortung wird nicht allein bedeutungsgebenden Diskursen zugeschrieben. Vielmehr wird wieder betont, dass Geschlecht und Rasse zusammen mit der Klassenzugehörigkeit »zentrale Strukturmerkmale« der kapitalistischen Produktion und Reproduktion bilden. Dementsprechend streben manche »einen intersektionalen Feminismus« an. Für Margarita Tsomou sind Frauen dafür »prädestiniert, Allianzen mit anderen subalternen Gruppen einzugehen« (2018, 11). Sie weist ausdrücklich »die von rechts aufgezwungene Dichotomie zwischen der ›sozialen Frage‹ und ›Identitätsfragen‹« zurück (ebd.).[33]

33 Margarita Tsomou ist Autorin, Dramaturgin und Mitbegründerin des pop-feministischen *Missy Magazine*.

Antirassistische Initiativen sind von Wirtschafts- und Sozialpolitik erst recht nicht zu trennen; denn *der strukturelle Rassismus*, d.h. Benachteiligung und Ausschließung auf dem Arbeits- und Wohnungsmarkt oder auch bei Sozialtransfers, bildet das primäre Kampffeld. Lediglich für die LGBTQ-Bewegung ist Sozialpolitik irrelevant. Den positiven Beitrag der LGBTQ-Bewegung für die Gesamtgesellschaft kann man aber in einer offeneren Kultur mit generell mehr Toleranz für Menschen sehen, die nicht den Normalerwartungen entsprechen. Solche Erwartungen sind für die Betroffenen mindestens so einengend und ausgrenzend wie juristische Normen, oft sogar bedrohlicher.

Hypersensibilität und Militanz im Kampf um Anerkennung

Immer häufiger wird der Identitätspolitik der Vorwurf gemacht, sie führe zur »Zersplitterung« und »Entsolidarisierung« der Gesellschaft (Furedi 2018; Stegemann 2018, 90; ähnlich Fukuyma 2019). Nicht ganz von Hand zu weisen ist, dass Identitätspolitik, selbst wenn sie nicht der Versuchung zum Essentialismus erliegt, die Gefahr der Verfestigung von Differenzlinien und sozialen Zuschreibungen in sich birgt. Kämpfe gegen Diskriminierung führen außerdem leicht zu einer Hypersensibilisierung. Manche Reaktionen auf vermeintliche Frauenfeindlichkeit zum Beispiel können Kopfschütteln auslösen. So wurde dem Liedermacher Fredrik Vahle vorgeworfen, mit dem Lied Katzentatzentanz fördere er Machismus und verharmlose die Anmache von Frauen (der Freitag v. 25.4.2019, S. 30).[34]

Die sogenannten Sozialen Medien begünstigen einerseits einen reflexhaften, aggressiven Kommunikationsstil. Andererseits beginnen mit ihnen viele User den gemeinsamen Opfersta-

34 Der anstößige Reim: »Kam der Kater zu der Katze, leckte ihr ganz lieb die Tatze / streichelt sie und küsst sie sacht, und schon hat sie mitgemacht.«

tus für sich zu entdecken, als Zeitgenossen, die Vorurteilen ausgesetzt sind, gemobbt werden etc. Letzteres illustriert folgender Vorfall Mitte August 2019: Eine TV-Moderatorin in New York hatte sich darüber lustig gemacht, dass Prinz George aus dem englischen Königshaus mit sechs Jahren Ballettunterricht nimmt, und skeptisch gefragt, wie lange er das wohl durchhielte. Daraufhin initiierten Profi-Tänzer einen Flash-Mob vor dem TV-Studio. 300 Tänzer*innen sollen sich auf dem Times Square zu einer improvisierten Tanzübung eingefunden haben. Ihren Protest bekundeten sie unter anderem mit dem Hashtag *#MeTutu*, Jungs werden Tänzer. Das Video von der Demo wurde mit *#MenDanceToo* zig-mal geteilt.

Höchst problematisch ist es, wenn die Wortführer*innen einer Minderheit eine andere Minderheit oder deren Angehörige bezichtigen, sie würden ihre hart erkämpften Rechte in Frage stellen, so wenn Feministinnen pauschal Muslime und Muslimas zu Gegnern der Frauenemanzipation erklären. Auf der anderen Seite hat eine Gruppe von Studierenden eine Hochschullehrerin im Internet beschuldigt, sie plane eine rassistische Veranstaltung, nachdem sie eine Tagung über die Kopftuchfrage angekündigt hatte (Die Zeit v. 2.5.2019, S. 38). Der leidenschaftlich ausgetragene Streit über eine solche Aktion kann tatsächlich spalten. Noch problematischer ist es, wenn eine Opfergruppe der Mehrheit die Verständigung verweigert oder wenn eine Minderheit sich jede Identifikation verbittet. Damit wird der Solidarisierung der Boden entzogen. Letzteres, *»cultural appropriation«* genannt, ist die harmlosere Variante. Der Sündenfall besteht darin, dass sich »Normale« ohne Stigma die Identifikation mit der Gruppe anmaßen. So wurde angeblich eine junge Frau in Berlin des Lokals verwiesen, weil sie als Weiße Dreadlocks trug.[35]

---

35 Catherine Newmark, Identitätspolitik: Alle sind betroffen. In: Die Zeit v. 19.9.2017 (www.zeit.de).

Folgenschwerer ist es, wenn den Angehörigen der privilegierten Mehrheit die Fähigkeit zur Empathie für die Minderheit abgesprochen und Anwaltschaft zur Anmaßung erklärt wird. So erregte 2017 das Bild einer weißen US-amerikanischen Künstlerin in einer Ausstellung Anstoß. Sie hatte das Foto eines toten schwarzen 14-Jährigen, Opfer eines Lynchmords aus den 1950er Jahren, als Vorlage gewählt. Eine andere Künstlerin, die Publizistin Hannah Black, forderte, das Bild zu entfernen, ja am besten zu zerstören, nachdem schon vorher ein Demonstrant das Kunstwerk als »Black Death Spectacle« angeprangert hatte. Die Kritikerin verlangte nicht nur, dass Nicht-Schwarze aufhören sollten, »die Schmerzen Schwarzer als Rohmaterial zu behandeln« (Rauterberg 2018, 25).[36] Sie versicherte auch, dass Weiße nie das Motiv der Mutter des Schwarzen verstehen könnten, die damals das Foto öffentlich gemacht hatte. Auf die Verteidigung der Künstlerin, sie wisse, »wie es ist, eine Mutter zu sein«, wurde in den Sozialen Medien entgegnet, es sei gewalttätig, »weiße Mutterschaft gleichzusetzen mit schwarzer Mutterschaft« (30 f.). Es wurden also *absolute Grenzen des Verstehens* unterstellt.

Etwas anders gelagert ist der zweite Fall. Die Alice-Salomon-Hochschule in Berlin hatte ein Gedicht des Lyrikers Eugen Gomringer, dem sie einen Poetik-Preis verliehen hatte, auf die Fassade der Hochschule auftragen lassen. Eine Gruppe von Studentinnen beantragte die Entfernung. Da das Gedicht nicht nur eine »patriarchale Kunsttradition« reproduziere, sondern auch an sexuelle Belästigung von Frauen erinnere, sei es als »offizielles Aushängeschild« der Hochschule ungeeignet (Rauterberg 2018, 90).[37] Angesichts der Konjunktur offener Textinterpretation à la Lacan wirkt die Vereindeutigung des Textes

---

36 Diesen Fall greift auch Fukuyama in einer Endnote auf (2019, 224).

37 Wortlaut des Gedichts »ciudad (avenidas)«: Alleen / Alleen und Blumen // Blumen / Blumen und Frauen // Alleen / Alleen und Frauen // Alleen und Blumen und Frauen und / ein Bewunderer.

befremdlich. Aber in diesem Fall könnte man im Anstoß zu einer möglicherweise produktiven Diskussion noch etwas Positives sehen. Dennoch bleibt der Eindruck von Zensur im Namen einer »Minderheit«, die sich als Opfer betrachtet. Dabei irritiert die Selbstermächtigung einer kleinen Gruppe, die Stimme für alle Frauen zu erheben.

Wenn Empathiefähigkeit auf die In-Group beschränkt wird wie beim ersten Fall, dann wird Solidarität verunmöglicht. Man beruft sich auf die »gelebte Erfahrung«, die für Außenstehende unzugänglich sei (Fukuyama 2019, 135). Alle politische Energie speist sich aus den gruppenspezifischen Leidenserfahrungen. Zumindest ist gegenseitiges Verstummen zu befürchten. Bisher sind es anscheinend nur einzelne oder kleine Gruppen gewesen, die mit Attacken der geschilderten Art in Erscheinung getreten sind. In den Sozialen Medien können solche Interventionen aber eine breite Unterstützerwelle auf der einen und einen Shitstorm auf der anderen Seite auslösen.

Fundamentalistische Bewegungen

Fundamentalistische Bewegungen stellen für ihre Anhänger ein großartiges Identitätsangebot dar. Von Identitätspolitik kann auch insoweit gesprochen werden, als ihr Missionseifer sie darum bemüht sein lässt, der Weltöffentlichkeit ein positives Bild zu liefern, zumindest für die ideologisch nahestehenden Gemeinden attraktiv zu wirken. Das gilt jedenfalls für die evangelikale Bewegung.

Religiöser Fundamentalismus lässt sich im Anschluss an Thomas Meyer aufgrund folgender Merkmale identifizieren: Erstens, die jeweiligen heiligen Schriften gelten als einzige legitime Quelle des Glaubens und als letzte Wahrheit. Man kennt kein hermeneutisches Verfahren der Auslegung unter Berücksichtigung des historischen Kontexts. Der heilige Text wird »profaner Erörterung« entzogen (Meyer 1989, 161). Damit wird auch der Geltungsanspruch einer Theologie mit wissenschaftlichem

Anspruch bestritten. Darüber hinaus werden zweitens wissenschaftliche Aussagen, die sich nicht mit Glaubensinhalten decken, bekämpft. Drittens wird allen die volle Zugehörigkeit zur jeweiligen Religionsgemeinschaft, also zur Christenheit oder zur islamischen Umma, abgesprochen, die nicht den absoluten Wahrheitsanspruch teilen (vgl. Meyer 1989, 16).[38] Viertes Merkmal ist ein dualistisches Weltbild mit der absoluten Entgegensetzung von gut und böse. Fünftens begründet der Empfang des göttlichen Auftrags und des Heilsversprechens die Einheit von Welterklärung und Lebensführung. Es gilt, die Welt zu retten. Daher auch die Politisierung der Religion und die missionarische Tätigkeit oder der Jihad (vgl. Meyer 1989, 165f.). Die Evangelikalen können es zwar nicht wagen, die Aufhebung der Trennung von Kirche und Staat zu fordern, haben die Trennung aber in Einzelstreitfragen (Schöpfungslehre an staatlichen Schulen der USA, Abtreibungsverbot) in Frage gestellt und sind in den USA außerdem massiv um Wahlbeeinflussung bemüht. Dagegen widerspricht die Propagierung eines politischen Islam zwar auch den modernen Staatsverfassungen, die in den meisten islamischen Ländern gelten, kann sich aber auf die ältere Tradition berufen. Die gemeinsamen Regeln der Lebensführung, das Gemeindeleben und die Mission oder auch der militante Kampf für den rechten Glauben stiften in hohem Maß Identität.

Fundamentalistische Bewegungen sind *eine moderne Erscheinung.*[39] Meyer bezeichnet sie zwar als »Aufstand gegen die Moderne«, stellt aber zugleich in Bezug auf den islamischen Fundamentalismus fest, dieser sei alles andere als traditionalistisch oder konservativ. »Er kämpft radikal für den Wandel« (84f.).

38 Der Unterschied zu traditionellen Religionen ist in diesem Punkt sicher nicht trennscharf. Man denke nur an die katholische Kirche mit ihren Dogmen.

39 Man darf »modern« nicht mit fortschrittlich verwechseln. Siehe den Exkurs über die Moderne.

Dabei erinnert Meyer an Reformer und »aktionistische Bewegungen« innerhalb der islamischen Welt, die bis ins 18. Jahrhundert zurückreichen. Man darf annehmen, dass dies ein Reflex wirtschaftlicher Stagnation und sozialer Umbrüche, zum Teil auch Reaktion auf den Prozess der Modernisierung in Europa gewesen ist.

Wenn Fundamentalisten ein weit zurückliegendes Goldenes Zeitalter beschwören, dann dient dieses als Folie für eine utopische Gesellschaftsordnung der Zukunft. Die Heilsbotschaft wird mit modernen Organisationsstrukturen und -strategien und unter Nutzung modernster Kommunikationstechnik verbreitet. Fundamentalisten stellen die traditionellen Autoritäten in Frage, fordern vor allem die religiösen Autoritäten heraus. Die persönliche Glaubensentscheidung und das persönliche Verständnis der religiösen Botschaft sind maßgebend. Das gilt zumindest für die meisten evangelikalen Kirchen, aber auch für einen Teil der Islamisten.

Fundamentalisten verstehen sich auf *das Branding*, das heißt symbolische Zeichen zu setzen zur Identifikation für die Mitgliedschaft wie für die Außenwelt. Zum Beispiel dient Salafisten mittlerweile das Symbol des erhobenen Zeigefingers der rechten Hand als Erkennungszeichen (www.kas.de: »Islamismus: Sprache, Begriffe und Symbole der salafistischen Szene«). Auch die Uniformierung des Outfits ist bei dieser Gruppe zu beobachten: »Männer tragen Voll- oder Kinnbart, knöchelfreie Beinkleider und Gebetskappe (Takke), Frauen einen Hijab (Kopfschleier) oder – noch verbreiteter – einen schwarzen Vollschleier, den Niqab, der Gesicht und Körper bedeckt. Salafistisch beeinflusste männliche Jugendliche, die etwa Korane in deutschen Fußgängerzonen verteilen, tragen aber mittlerweile auch T-Shirts z. B. mit ›Muslim-Superman‹-Emblem und Kapuzen-Pullovern. Sie zeigen damit Parallelen zur Symbolik westlicher Popkultur einschließlich ihres in der Rapper-Szene üblichen ›Bad-Boy-Image‹« (ebd.).

Die evangelikalen Kirchen, deren Ursprung in den USA zu finden ist, machten vor zehn Jahren weltweit zwanzig Prozent der Christenheit aus, bei einem jährlichen Wachstumsrate von 4,7 Prozent. In Brasilien wurden 34 Millionen, in ganz Lateinamerika 85 Millionen gezählt, die einer evangelikalen Kirche angehörten (Angaben bei Krimmer 2009).[40] Für Afrika wurde 2000 bereits eine Zahl von 190 Millionen Anhänger*innen angegeben. Zwar überspannt mittlerweile eine babylonische Vielfalt an Kirchen den Globus. Aber zugleich gibt es ein identitätsstiftendes globales Netzwerk (Krimmer 2009). Die Netzwerke »stützen sich auf internationale christliche Medienkooperationen, die ihre Programme weltweit durch Satellitenfernsehen übertragen, aber auch durch lokal operierende Radiostationen, durch die Produktion von Videofilmen, CDs mit Predigten« (Krause 2014, 57). Da es kein Priesteramt gibt und damit auch nicht den Status der Laien – jeder ist zur Schriftauslegung berufen –, vermehren sich die Kirchen quasi durch Zellteilung. Oft spielen finanzielle Interessen eine Rolle, wenn ein Prediger eine neue Kirche gründet; denn das Spendenaufkommen ist teilweise beträchtlich.

Beim Islamismus lassen sich, wenn man von der iranischen Staatsideologie absieht, zwei Hauptrichtungen unterscheiden: die Muslimbruderschaft und die Salafyya oder das Salafitentum. Beide haben ihren Ursprung in den 1920er Jahren. *Die Muslimbruderschaft* wurde 1928 von dem Ägypter Hasan al-Banna begründet, vermutlich nicht zufällig im selben Jahr, in dem der türkische Staatsgründer Mustafa Kemal den Islam als Staatsreligion abschaffte. Vier Jahre vorher hatte er bereits das Kalifat aufgehoben. Und sein Modernisierungsprogramm ahmte der damalige Schah im Iran nach. *Das Salafistentum* der heutigen

40 Aus anderen statistischen Angaben ist zu schließen, dass die Pfingstkirchen nicht mitgezählt sind. Sie unterscheiden sich von den evangelikalen dadurch, dass das Erweckungserlebnis in der Gemeinde einen höheren Stellenwert hat.

Ausrichtung soll auf die Gründung einer Buchhandlung im Mekka der 1920er Jahre zurückgehen (de.wikipedia.org: »Salafismus«). Der Salafismus hat sich in verschiedene Strömungen ausdifferenziert. Der jihadistischen Variante steht am anderen Ende des Spektrums eine reformistische gegenüber. Ursprünglich als Reformislam konzipiert, hat sich die Hauptströmung paradoxerweise in die strengste Variante des islamischen Fundamentalismus verwandelt. Der sektiererische Charakter wird nur durch die Verschmelzung mit dem Wahhabismus, der Staatsreligion des saudischen Königreichs, verwischt.

Aufgrund geopolitischer Rivalitäten wurden Muslimbrüder und Salafi zu feindlichen Brüdern innerhalb des sunnitischen Islam. Die einen werden von Katar und der Türkei, die anderen von Saudi-Arabien unterstützt. Die stärksten Bastionen der Muslimbruderschaft sind Ägypten und Syrien, in beiden Ländern bekämpft, und Palästina (die Hamas im Gaza-Streifen). Die Salafisten missionieren dank saudischer Förderung in Südostasien, Afrika und Europa.

Neben den beiden Hauptströmungen und innerhalb dieser Strömungen gibt es regionale Spielarten des Islamismus. Typisch für den Islamismus sind dabei aber die Negation und Bekämpfung regionaler Besonderheiten; denn die angestrebte *Renaissance des Ur-Islam* verbietet die Berücksichtigung historischer Entwicklungen und »Verunreinigungen«.[41] Bestimmend ist die Vision einer einheitlichen Umma von Indonesien bis Westafrika. Solch ein universeller Islam entspringt modernem Denken.

Der Erfolg der evangelikalen Bewegung ebenso wie der von Islamisten lässt sich dadurch erklären, dass *Menschen mit demü-*

---

41 Vor allem der Sufismus jeder Spielart wird verfolgt, So wurden 2012 in Mali Mausoleen für Sufi-Heilige zerstört. Der Sufismus umfasst vielfältige Strömungen im Islam. Kennzeichnend sind die spirituelle Orientierung und damit meist Asketentum, auch die Organisation in Orden. Eine besondere Abweichung von der Orthodoxie stellt die Heiligenverehrung dar.

tigenden Erfahrungen durch sie wieder zu Selbstachtung finden. Vorausgegangen sind die Niederlagen und die Diskreditierung linker Bewegungen. Den Zulauf zur Muslimbruderschaft und zu evangelikalen Gemeinden im globalen Süden sichern caritative Tätigkeiten und soziale Einrichtungen. Die basisorientierten evangelikalen Gemeinden üben eine hohe Anziehungskraft auf arme, marginalisierte Teile der Bevölkerung aus. »Neue Kirchen sprießen wie Pilze aus den Böden der Favelas, Barrios, Shanty Towns und Armenviertel dieser Welt« (Krimmer 2009). Die größte Pfingstkirchengemeinde Brasiliens ist »in der Mehrheit weiblich, arm und aus den afrikanischstämmigen, indigenen und Mestizo-Communities rekrutiert« (Zaitchik/Lord 2019, 117). Die Evangelikalen geben den Gläubigen Selbstvertrauen, indem sie deren Selbstkontrolle stärken. Alkohol und Tabak sind verboten, das Sexualleben durch strenge Gebote geregelt. Das asketische Leben verhilft zwar selten zu Wohlstand, bewahrt aber vor dem Abgleiten ins absolute Elend. Der traditionelle Fatalismus wird damit überwunden. Ähnliches lässt sich von der Muslimbruderschaft sagen.

Die evangelikalen Bekehrten werden, ganz im Sinn des Neoliberalismus, zu Unternehmer*innen ihrer selbst (Krimmer 2009). Selbst der Erfolg der evangelikalen Prediger im Mittleren Westen der USA verdankt sich vermutlich teilweise prekären Lebenslagen, dem Gefühl, von der Politik vergessen und für die politische Kaste ein Nichts zu sein. Die evangelikalen Kirchen unterstützen paradoxerweise nicht nur in den USA jene politischen Kräfte, die eine reaktionäre Familien- und Sexualpolitik mit neoliberaler Wirtschafts- und Sozialpolitik verbinden (für die USA Meyer 1989).

Der islamische Fundamentalismus ist Hoffnungsträger für die verarmten Massen und die bedrohten Mittelschichten, die sich von ihm die Wiederherstellung der sozialen Ordnung versprechen, und für viele Intellektuelle, die damit eine Renaissance der islamischen Welt anstreben. Die Revolution im Iran stützte sich nach Meyer auf »eine Koalition der Verelendeten, der kritischen Intellektuellen und des mächtigen Basar« (1989, 92). Historisch ist der Islamismus eine Reaktion auf den europäischen Kolonialismus und aktuell auf den US-Imperialismus.

Der Erfolg der islamistischen Bewegung *bei jugendlichen Migrant*innen* in Deutschland und Europa insgesamt erklärt sich durch Diskriminierungserfahrungen. Die mediale Aufmerksamkeit für islamistische Tendenzen stand bisher zwar in keinem Verhältnis zu deren tatsächlichem Umfang, wie empirische Studien zeigen (z. B. Wensierski/Lübcke 2012). Aber bei einigen Jugendlichen türkischer Herkunft ist eine Hinwendung zu islamistisch-nationalistischen Gruppierungen auszumachen (siehe unten). Die Anziehungskraft speist sich hier aus ähnlichen Motiven wie in den islamisch geprägten Ländern. Ist es hier soziale Diskriminierung (Fukuyama 2019, 90 f.), so waren und sind es dort die Demütigung durch den Kolonialismus, die Instrumentalisierung von Regimen für westliche Interessen, aber auch die Enttäuschung über nationale Befreiungsbewegungen.

Auch islamistische Bewegungen lassen sich also als Kämpfe um Anerkennung interpretieren. Dasselbe gilt zumindest für die evangelikalen Kirchen und Pfingstkirchen in den Armenvierteln Lateinamerikas und den Slums afrikanischer Großstädte.

4. Zwei Fälle von verweigerter Anerkennung

Naika Foroutan und Daniel Kubiak haben eine Analogie zwischen der Lage von Arbeitsmigrant*innen und von Ostdeutschen, also der ehemaligen DDR-Bürger*innen, hergestellt. Beide seien »stark von symbolischen Ausschlüssen« betroffen (2018, 94). Auch institutionelle Diskriminierung, Konfrontation mit Vorurteilen und materielle Benachteiligung attestieren sie beiden Bevölkerungsgruppen. Beide haben trotzdem bisher nicht durch Identitätspolitik von sich reden gemacht.

Die Schwierigkeit der Ostdeutschen, sich identitätspolitisch zu artikulieren, besteht zunächst schon darin, dass sie ihre nationale Identität als Deutsche zumindest unter Vorbehalt stellen müssten. Die Würdigung wertvoller Erbschaften der DDR, vor allem der sozialen Errungenschaften und von positiven Elementen der Lebensweise, wurde von einem übermächtigen medialen Propagandaapparat verhindert. Die DDR wurde mit Erfolg zum Unrechtsstaat erklärt, was Erfahrungen mit der Staatssicherheit teilweise stützten. So fiel eine positive Besetzung der DDR-Vergangenheit schwer. Sie war »durch das alte Regime politisch kontaminiert«, so Steffen Mau (2019, 205).[42] Da die Menschen dieses Regime unterschiedlich erlebt hatten, fehlte die »kollektive Semantik« (Honneth 1998) für den Kampf um Anerkennung. Und schließlich waren die DDR-Eliten, die als Sprecher hätten fungieren können, abgesetzt und sozial ausgegrenzt worden. Den Protest gegen die materielle Verelendung aufgrund der De-Industrialisierung überantwortete man zeitweise der PDS.

Dass die Communities der ins Land geholten »Gastarbeiter« und ihrer Nachkommen sich nie gegen ihre institutionelle Diskriminierung und soziale Marginalisierung inklusiv prekärer Lebenslagen, von denen besonders die Deutschtürken betroffen sind, auflehnten, hat vielfältige Gründe. Einwandererminoritäten haben sich oft in einem Bündnis zur Wehr gesetzt, weil sie Gemeinsamkeiten ihrer sozialen Lage entdeckten, so zeitweise Caribbeans und Pakistani in England. Ein vergleichbares Bündnis ist in der Bundesrepublik nie zustande gekommen, und zwar vermutlich deshalb, weil die soziale Situation der Immigrant*innen je nach Herkunftsland zu unterschiedlich war.

---

42 Der Soziologe Mau (geb. 1968) ist selbst ostdeutscher Herkunft. – Daniela Dahn (2019) schätzt, dass »zu keinem Zeitpunkt mehr als 0,5 Prozent« der DDR-Bürger »Opfer gezielter operativer Berichterstattung« der Staatssicherheit waren.

Die Arbeitsmigrant*innen aus der Türkei waren mit Abstand am stärksten der Diskriminierung ausgesetzt. Ihre Sichtbarkeit, allein schon aufgrund der größeren Zahl, und die Wohnkonzentration, vermutlich auch kulturelle Besonderheiten, lösten irrationale Ängste aus und machten sie zur Zielscheibe von Rassismus. Italiener, Spanier und Griechen, auch Jugoslawen waren demgegenüber bald in einer vergleichsweise komfortablen Lage. Dazu kommt, dass es selbst innerhalb der »türkischen« Minderheit, bedingt durch Konfliktimporte aus der Türkei, Differenzen gibt, die einer Solidarisierung im Weg stehen.

Die Ostdeutschen, Opfer eines innenpolitischen Kolonialismus

»Wie die Buchbestände ganzer Verlage auf dem Müll landeten, so auch die Lebensläufe«, schrieb die Journalistin Kerstin Decker 1999 im *Tagesspiegel* (v. 11.5.) Die Lage der ehemaligen DDR-Bürger*innen illustriert beispielhaft die Ausführungen des Philosophen Honneth über Missachtung und Entwürdigung. Eine Mehrheit fühlt sich als »Bürger zweiter Klasse«, so die Soziologin Yana Milev in einem Interview unter Bezug auf eine Repräsentativstudie von 2018 in Sachsen.[43] Sie spricht von traumatischen Erfahrungen, von denen selbst später Geborene noch geprägt seien. »Sie erleben die Kulturkonflikte, die Zurücksetzung und Ausgrenzung der Ostdeutschen in der Gegenwart« (ebd.).[44] Aufstiegswillige Ostdeutsche verheimlichen am besten Teile ihrer Lebensgeschichte (Mau 2019, 185). Sie muss »ins Unsichtbare verbannt« werden,[45] was für viele Minderheiten typisch ist.

43 Der Osten wird vom Westen verwaltet und beherrscht. In: Beilage der jungen Welt v. 13.7.2019.

44 Vgl. das Interview mit J. Nichelmann: »Mit zwölf wurde ich in Bayern zum Ossi gemacht«. In: der Freitag v. 12.9.2019.

45 Die Formulierung findet man bei Fraser (2001, 28). Nur 1,7 % der Spitzenpositionen in Deutschland wurden 2019 von Ostdeutschen besetzt (Bevölkerungsanteil 17 %).

Es sei an den Satz von Honneth erinnert: »Das kulturelle Selbstverständnis einer Gesellschaft gibt die Kriterien vor, an denen sich die soziale Wertschätzung von Personen orientiert« (1998, 198). Das gemeinsame Selbstverständnis war eine vom westdeutschen Establishment gesetzte Fiktion. Der Antikommunismus machte blind dafür, dass selbst für die meisten Dissident*innen das Leben in der DDR zu einem Teil ihrer Persönlichkeit mit Identifikationspotential geworden war. So wurden Kultur und Lebensweise, wie sie sich in der DDR herausgebildet hatten, entwertet. Der dort angehäufte Erfahrungsschatz wurde nutzlos, die gewohnte »Alltagsästhetik« ausgelöscht (Mau 2019, 205). Wissenschaft, Kunst, Film, Architektur, kurz alles wurde als bedeutungslos abgetan. Was an Sozialismus erinnerte, wurde verbannt, verbrannt und abgerissen. *Die Tilgung der DDR aus dem Alltag* erfasste nicht nur Straßennamen, sondern die Stadtlandschaften insgesamt (Mau 2019, 213). Zentral für den Umbruch war *der Austausch der Eliten*. Bei der Besetzung zentraler gesellschaftlicher Positionen nehmen Ostdeutsche nur eine marginale Rolle ein.[46] Die »Überschichtung der Sozialstruktur« (Mau 2019, 177), hat für Foroutan/Kubiak eine »Repräsentationslücke« zur Folge (2018, 95).

Schon unmittelbar nach dem »Beitritt« konnte man beobachten: »Die ›Kolonisierung‹ der ehemaligen DDR … ereignet sich täglich. Von den Institutionen der Ex-DDR ist kaum noch etwas übrig. Viele sind schon der ›Abwicklung‹ oder Privatisierung zum Opfer gefallen, andere werden der ›Evaluation‹ nicht standhalten. Damit geht die massenhafte Entwertung von Biographien einher« (Auernheimer 1991, 231).

Der Hauptgrund für die Entwertung der Biographien war *der Bruch der Erwerbsbiographien*, in der Regel eröffnet mit dem Verlust des Arbeitsplatzes, bedingt durch eine radikale

---

46 Nur 23 Prozent des Personals der »oberen Etagen« in Ostdeutschland wird von Einheimischen gestellt (Mau 2019, 181).

De-Industrialisierung. Diese war teils selbst verschuldet durch die Gier nach Westprodukten, teils bedingt durch den Wegfall der osteuropäischen Märkte, vor allem aber verschuldet durch die Treuhandanstalt. Soweit Betriebe nicht liquidiert wurden, wurden sie von der Treuhandanstalt westlichen Investoren überlassen, oft um westliche Unternehmen zu stärken.[47] In einem Zulieferbetrieb für die westdeutsche Autoindustrie erzählt ein älterer Facharbeiter, »wie die Treuhand nur wenige Monate nach dem Ende der DDR die Fabrik verkaufte. Anstatt zu investieren, ließ man die Maschinen abtransportieren. Dann kamen die Massenentlassungen.« Von 3000 Beschäftigten seien noch 300 übrig (der Freitag v. 29.8.2019, S. 15). Häufig wird von einer Politik des Kahlschlags gesprochen.

Viele Qualifikationen wurden plötzlich wertlos. Ein Diplomingenieur: »Das, was ich konnte, brauchte keiner. Ein Baumarkt hat mich dann im Lager angestellt« (Mau 2019, 170). Massenhaft mussten die Menschen berufliche Abstiege oder Erwerbslosigkeit hinnehmen (ebd.). Vor allem die mittleren Jahrgänge wurden zur »lost generation« (202f.). Frauen mussten sich häufig aufgrund von Erwerbslosigkeit wieder in die traditionelle Frauenrolle fügen. Bis heute leidet die Wirtschaft im Osten an irreparablen, transformationsbedingten Strukturschwächen. »Ostdeutsche Betriebe wurden zu verlängerten Werkbänken westdeutscher Unternehmen« (154). Vorherrschend sind kleine und mittelgroße Betriebe. Es gibt wenige hochwertige Arbeitsplätze. Der Bereich Forschung und Entwicklung ist unterentwickelt. Beschäftigung ohne oder unter Tarif ist statistisch häufiger als in Westdeutschland. 2019 arbeitete fast jeder dritte sozialversicherungspflichtig Beschäftigte im Osten für einen Niedrig-

47 Von den 150 Großbetrieben der DDR mit mehr als 5000 Beschäftigten verschwanden 145. 95 Prozent des von der Treuhandanstalt privatisierten volkseigenen Vermögens gingen in westliche Hände über (WDR »Zeitzeichen« v. 22.11.1999, Dahn 2002). Heute sollen es noch 85 Prozent des privaten Firmenvermögens sein.

lohn, bundesweit nur jeder fünfte (junge Welt v. 2.9.19). Deshalb sind auch die Altersbezüge niedriger. Zu den *demütigenden Erfahrungen* von Ostdeutschen gehört, dass Facharbeiter- und Meisterabschlüsse aus der DDR bis heute nicht umstandslos als gleichwertig anerkannt werden (Köpping 2018, 49). Und wehe, wenn dann noch eine nicht einwandfreie Stasi-Akte vorliegt. Die Ostdeutschen sehen sich einem *Rechtfertigungszwang* ausgesetzt (Mau 2019, 208).

Wut, Trauer und Klage über die entwertete Lebensleistung und die unverschuldete Perspektivlosigkeit lieferten dann das Bild vom larmoyanten Ossi (Foroutan/Kubiak 2018, 95). Dass die verständliche Reaktion auf prekäre Lebenslagen den Stoff für *Vorurteile* liefert, ist ein Dilemma, das Ostdeutsche mit anderen Minderheiten teilen.

Krisen können entwicklungsfördernd wirken, aber nur bei günstigen Rahmenbedingungen. Und Identitätsarbeit ist verständlicherweise erschwert, wenn die »biographischen Kernnarrationen« (Keupp u. a. 1999, 217) nicht leicht zu erzählen, eventuell mit Scham besetzt sind. Die ehemaligen DDR-Bürger gehören nach Mau zu den »kulturell Enteigneten«. Ihnen fehle das kulturelle Repertoire, »um Selbstwert zu gewinnen, Stigmatisierung zu überwinden oder Ansprüche anzumelden« (210). Positive Bezugnahmen auf die DDR-Vergangenheit seien »aus dem kollektiven Gedächtnis ausgeschlossen worden« (206). Damit ist auch »die Politisierung der Identitätsfrage« ausgeschlossen, wie sie anderswo Regionalbewegungen kennzeichnet (211). Allenfalls wird sie inzwischen in Literatur und Film zum Thema gemacht, und das nach fast drei Jahrzehnten.[48]

Stattdessen richtet sich der Protest gegen die vermeintliche Bedrohung der Alltagskultur durch die Migranten. Die werden

---

48 Siehe z. B. den Film »Gundermann« von Andreas Dresen oder auch den Band »Nachwendekinder« von Johannes Nichelmann (Ullstein 2019).

von den »Bürgern zweiter Klasse« als Fremde erlebt, die sich nun auch noch in der Warteschlange vordrängen (Mau 2019, 234). Dabei war doch »das nationale Wir die Eintrittskarte zum Wohlstandsland« (232). Nicht nur, dass die Rechtspopulisten die geschilderten Brüche und damit verbundenen Kränkungen zu instrumentalisieren wissen, »populistischer Protest wird von vielen als Selbstermächtigung erlebt« (235).

Die Almancılar[49], ein Stück Migrationsgeschichte

Bis 2000 bestimmte das Abstammungsprinzip das deutsche Staatsangehörigkeitsrecht, aber damit auch generell die soziale Zugehörigkeitsordnung. Das brachte es mit sich, dass die ins Land geholten »Gastarbeiter«, besonders die aus der Türkei, immer in einem Provisorium lebten. Auch nach Änderung der Rechtslage sahen sie sich Ausgrenzungen ausgesetzt. Als Bürger verschmäht, sympathisieren nun viele mit dem türkischen Nationalismus, so wie sich ein Teil der Ostdeutschen den politischen Rechten zugewandt hat.

Ein Vertrag von 1961 zwischen der Bundesrepublik und der Türkei regelte die Anwerbung von Arbeitskräften. Diese sollten für eine begrenzte Zeit, zunächst nur für jeweils zwei Jahre, zu Arbeiten in der Produktion herangezogen werden und dann zurückkehren (sog. Rotationsprinzip). Für das westdeutsche Kapital hatten die Anwerbeabkommen – vorher waren bereits solche Abkommen mit Italien (1955), Franco-Spanien und Griechenland (1960) abgeschlossen worden – den Vorteil, dass der Arbeitsmarkt sich wieder entspannte. Die Einführung der Wehrpflicht hatte ihm nämlich Arbeitskräfte entzogen, und die Abriegelung der Grenze zur DDR stoppte den Zufluss von dort. Vorteilhaft war außerdem die höhere Flexibilität des

49 »Almancılar« wurde in der Türkei zur Bezeichnung der Arbeitsmigranten, die nach Deutschland (Almanya) gegangen waren. Es bedeutet so viel wie »Deutschländer« oder »die Verdeutschten«.

Arbeitsmarkts durch das Rotationsprinzip. Der Vorteil für die Türkei bestand in der Absorption der Überschussbevölkerung, vor allem aus den ländlichen Gebieten Anatoliens.[50] Die jungen Männer aus den Dörfern, die vorher von ihrer Familie zum Geldverdienen nach Istanbul oder Izmir geschickt worden waren, bewarben sich jetzt bei der Verbindungsstelle der Bundesanstalt für Arbeit in Istanbul. Viele hatten auch schon städtische Zwischenstationen hinter sich.

Die *ländliche Herkunft* eines großen Teils der Gastarbeiter aus der Türkei ist nicht unwichtig für das Verständnis ihrer damaligen Kultur und Mentalität. Die meisten von ihnen hatten wenig nationales Bewusstsein und waren unpolitisch. Für den anatolischen Bauern war der Staat weit weg und eher mit Misstrauen bedacht gewesen (vgl. Schiffauer 1987). Nur manche »modern« eingestellte waren Mitglied der kemalistischen CHP, einige wenige, häufig Lehrer*innen, Mitglied einer linken, marxistischen Partei, oder aber der rechtsradikalen MHP.[51] Ebenso war der Islam in der Anfangsphase für die Mehrheit nur selbstverständlicher Bestandteil des Herkommens, mehr Routine als gelebter Glaube, wobei anzumerken ist, dass nicht wenige Gastarbeiter*innen aus alevitischen Gemeinden kamen. Aber die Differenz zwischen Aleviten und Sunniten spielte anfangs kaum eine Rolle. Erst durch das Pogrom von Marash in der Südosttürkei im Dezember 1978, bei dem alevitische Wohnviertel verwüstet und über einhundert Menschen ermordet worden waren, wurde diese Differenz vermutlich zum ersten Mal politisch aufgeladen.

Um diese Zeit hatten die Arbeitsmigranten in der Regel schon ihre Familien nachgeholt, nachdem 1973 ein Anwerbe-

---

50 Von 1950 bis 1970 stieg die Zahl der landlosen Bauernfamilien von 137.000 auf 1.200.000.

51 CHP = Cumhuriyet Halk Partisi, zu Deutsch »Republikanische Volkspartei«, MHP = Milliyetci Hareket Partisi, zu Deutsch »Partei der nationalistischen Bewegung«

stopp verhängt worden war. Das Single-Dasein in dürftigen Unterkünften war vorbei, aber *das Leben in der Bundesrepublik nach wie vor Provisorium.* Ungeachtet der unsicheren Aufenthaltstitel verfestigte sich jedoch der Aufenthalt. Allmählich entstanden »türkisch« dominierte städtische Quartiere, meist Altstadtviertel mit »besonderem Erneuerungsbedarf«,[52] aber auch kleine Industriestädte mit einem hohen türkischsprachigen Bevölkerungsanteil. Die *wirtschaftliche Marginalisierung* der Arbeitsmigrant*innen hatte bereits begonnen, weil aufgrund der Automatisierung vieler Produktionsprozesse die für sie typischen Arbeitsplätze wegrationalisiert worden waren. Die »Türken« – gemeint waren alle Türkischsprachigen – wurden zunehmend zum Objekt von *Rassismus.*[53] Infolge des Modernisierungsprozesses, in dem auch die Religion reflexiv wird, wandelte sich der Islam bei vielen vom Gewohnheitsritual zum bewusst gelebten Glauben. Mit dem dörflichen Islam wollte man nichts mehr gemein haben.[54] Einige sympathisierten mit dem politischen Islam. Moscheevereine verschiedener Richtung konstituierten sich. Prediger mit großer Anhängerschaft füllten bald ganze Stadien. Daneben hatten sich Folklore-Gruppen gebildet, die unter anderem am »Tag des ausländischen Mitbürgers« oder am 1. Mai ihre Tänze vorführten. Jugendkulturelle Szenen faszinierten viele Jugendliche, Hip-Hop wurde zu einer

---

52 Einen Eindruck vom Leben in der türkischen Community vermitteln zwei Bücher von Paul Geiersbach: »Warten, bis die Züge wieder fahren« (Berlin 1989) und »Bruder, muss zusammen Zwiebel und Wasser essen!« (Berlin 1982).

53 1979 erklärte Heinz Kühn, Verfasser des verdienstvollen, wenn auch folgenlosen Memorandums zur Integration der ausländischen Arbeitnehmer und ihrer Familien auf einer Pressekonferenz: »Die Ausländer sind nicht unser Problem, aber die Türken« (Bericht Herbert Leuninger, www.leuninger-herbert.de/herbert/archiv/migration/15_Volkshaus.pdf).

54 Eindrucksvoll belegen das zwei Porträts von Migrant*innen in W. Schiffauer (1991): Die Migranten aus Subay. Türken in Deutschland. Stuttgart.

wichtigen Ausdrucksform. Linke und linksliberale Intellektuelle, die nach dem Militärputsch von 1980 ins Exil gegangen waren, förderten zeitweise eine stärkere Politisierung innerhalb der Community. Damals gab es auffällig viele linke türkische Arbeitervereine. Die Exilanten wurden aber nie zu »organischen Intellektuellen« im Sinn von Gramsci.

Als nach dem Untergang der DDR zahllose Menschen auf den westdeutschen Arbeitsmarkt strömten, verstärkte sich *der Prekarisierungsprozess* der türkischsprachigen Bevölkerung – hier könnte man den Beginn einer dritten Phase ansetzen. Zugleich normalisierte sich deren Sozialstruktur mit der Entstehung einer Mittelschicht, wenn diese auch vielfach nur auf kleinen mittelständischen Betrieben basiert. Ansonsten aber ist die Lage der dritten Einwanderergeneration weithin durch wirtschaftliche Unsicherheit und Perspektivlosigkeit gekennzeichnet. Viele sind von Sozialtransfers abhängig geworden. Das unterscheidet sie von den Gastarbeitern der ersten Zeit. Die teilweise prekäre Lebenslage bestätigt wiederum defizitäre Zuschreibungen, wie sie von Anfang an unter Deutschen üblich waren.

Die Anschläge von Mölln im November 1992 und in Solingen im Mai des folgenden Jahres vermittelten ein Gefühl gemeinsamer Bedrohung, weil sie beide Male gegen Wohnhäuser mit türkischen Familien gerichtet waren. Und dann ab 2000 *die Mordserie des NSU*, bei der es aber den deutschen Sicherheitsorganen vermutlich gelang, Misstrauen in den eigenen Reihen der Migranten zu säen, so dass weder militante Gegenwehr noch ein identitätspolitisches »Wacht auf!« an die Adresse der Community und der Allgemeinheit zu registrieren waren.

Stattdessen fand türkischer Nationalismus, bis dahin eher eine Minderheitenposition, eine breitere Zustimmung. Hier rächte sich der Schwebezustand, in dem man die Migrantenfamilien aus der Türkei gelassen hatte. Allerdings hatten sich viele von ihnen, davon unabhängig, an das Leben im »transnationalen Raum« (V. Pries) gewöhnt und eine Verbindung mit dem heimatlichen Dorf oder mit einem wirtschaftlichen Projekt in der Türkei gepflegt. Türkische Printmedien und TV-Sendungen hielten sie im Bannkreis der dortigen Geschehnisse. Dortige Skandale und politische Entwicklungen waren die Gesprächsthemen der Männer im Teehaus. Mit zunehmendem Nationalismus derer, die sich als Türken definierten, schlossen sich die Reihen der Kurden enger, die sich ihrerseits an den Konflikten im Herkunftsland orientierten. Die Differenzierung zwischen national gesinnten Türken, Kurden, Aleviten und den mehr oder weniger Assimilierten verstärkte sich. Die nicht unbeträchtliche Zahl von Immigrant*innen aus der Türkei, die mehr oder weniger stark assimiliert sind, wenngleich sie dabei oft auf ihre bikulturelle Identität pochen, lassen wir unberücksichtigt.

Geteilte Loyalitäten

2000 schuf die verspätete Reform des Staatsangehörigkeitsrechts mit dem Abschied vom Abstammungsprinzip das Recht auf Einbürgerung, wenn auch mit einigen Hürden. Und hier geborene Kinder erhalten seitdem die deutsche Staatsbürgerschaft. Aber lediglich rechtlich war damit das ethnische Nationsverständnis überwunden. Die »Zugehörigkeitsdiskurse« (Mecheril 2004, 46) blieben hartnäckig die gleichen. Ein Interviewpartner türkischer Herkunft: »… wenn du die Staatsbürgerschaft kriegst, dann wirst du weiter als Ausländer angesehen« (Bozay 2009, 334). Die Tendenz zur Kulturalisierung der Minderheit hielt an, wobei nicht nur alle aus der Türkei Zugewanderten als Türken betrachtet, sondern alle Türken als Muslime gesehen werden.[55] »Also, äh sie haben uns mit Zwang daran erinnert, dass wir Türken sind« (Interviewpartner bei Bozay 2009, 275). Solche Zuschreibungen erschweren das »Zugehörigkeits-

55 In der Tat ist die Differenzierung für Europäer erschwert, weil der Islam keine kirchliche Organisation kennt, und man demnach auch weder ein- noch austreten kann. Einziges Merkmal ist die religiöse Praxis.

management« (Mecheril 2004). Für nicht wenige versprach der Islam eine klare Identitätsfindung. Daneben wurde die Identifikation mit dem türkischen Staat zu einem attraktiven Identitätsangebot, seitdem die Türkei sichtbar eine wirtschaftliche Modernisierung vollzog mit einem wachsenden Industrie- und Dienstleistungssektor. Vor allem der Ausbau der Infrastruktur mag viele fasziniert haben. Das erklärt die für die deutsche Öffentlichkeit irritierend *hohe Zustimmung zu Erdogan* und seiner autoritären Herrschaft unter den Deutschtürken.

Einerseits ist es zur »ethnischen Verortung« der Deutschtürken im Sinn von Stuart Hall gekommen. Denn sie haben aufgrund ihrer über Generationen gemachten sozialen Erfahrungen und gemeinsamer kultureller Praktiken eine verbindende Erzählung und damit eine »Position«, von der aus sie sprechen (Hall 1994, 23). Das unterscheidet sie ebenso von den anderen deutschen Bürgern wie von den Türken in der Türkei. Es ist etwas entstanden, was in der sozialwissenschaftlichen Diskussion als *»new ethnicity«* bezeichnet wird.

Andererseits hat bisher keine identitätspolitische Initiative aus den Reihen der »deutschtürkischen« Minderheit die bundesrepublikanische Öffentlichkeit aufgeweckt. Das ist aus drei Gründen verständlich: *Erstens* konnten sich die Migrant*innen aus der Türkei nicht als politische Kraft formieren, da sie bis 2000 in der Regel keinen staatsbürgerlichen Status hatten.[56] Zwar waren viele in den Gewerkschaften aktiv, mischten dort oft in vorderster Front mit. Aber eine eigene Identitätspolitik zu entwickeln, wäre kaum möglich gewesen. *Zweitens* ist die »türkische« Diaspora aufgrund der repressiven Maßnahmen gegen die kurdische Bevölkerung in der Türkei gespalten. Das Prädikat »türkisch« ist insofern irreführend, als viele Immigrant*innen

56 Dem entsprach, dass in der Pädagogik, Sozialarbeit und Sozialwissenschaft über sie und für sie gesprochen wurde. Die Sozialarbeit und »Initiativen für ausländische Mitbürger« übernahmen lange Zeit eine Anwaltsfunktion für die Zugewanderten.

aus der Türkei sich nicht als Türk*innen definieren. Neben den Kurden gibt es kleine, weniger bekannte ethnische Minderheiten wie die Armenier. Auch viele Aleviten unter den Türkischstämmigen identifizieren sich nicht mit der Community.

Generell ist diese Bevölkerungsgruppe vermutlich zu heterogen, was Religiosität, Lebensstil, Zugehörigkeitsgefühl etc. betrifft. Eine identitätspolitische Initiative hätte unter diesen Bedingungen Entgegenkommen seitens der deutschen Öffentlichkeit und Politik erfordert. Dort aber hat man, *dritter Punkt*, nie die Bereitschaft zu einem »Selbstverständigungsdiskurs« gezeigt, wie er Jürgen Habermas (1993) für eine multikulturell gewordene Gesellschaft vorschwebt. Die Intention eines solchen Diskurses wäre es nach seiner Vorstellung, angesichts der Einwanderung das Selbstverständnis der deutschen Gesellschaft zu überprüfen und neu zu bestimmen, was Konsequenzen für die Institutionen haben müsste, zum Beispiel im Hinblick auf den Status neuer Religionsgemeinschaften.

Die bundesdeutsche Migrationspolitik rächt sich heute. Viele Migrant*innen aus der Türkei, keineswegs alle, haben heute zumindest eine geteilte Loyalität und identifizieren sich in hohem Maß mit dem türkischen Staat. Aufgrund des äußerst selektiven Charakters des deutschen Schulsystems durch die Trennung nach Schulzweigen ist soziale Segregation für viele Migrant*innen eine frühe Lebenserfahrung.[57] Die *Hinwendung zu nationalistischen Organisationen* wie den »Grauen Wölfen«, vor allem unter Jugendlichen und jungen Erwachsenen türkischer Herkunft (Bozay 2009), verwundert damit nicht mehr. Besonders attraktiv scheint für viele die Ideologie, die »Türkisch-Islamische Synthese« genannt wird (155 f.). Spätestens die Anschläge auf türkische Familien haben »die Suche nach der eige-

57 Ein türkischer Interviewpartner erklärt: »In der fünften Klasse, das war dann … wirklich so, dass wir erst mal unter Türken gewesen sind« (Rosen 2011, 72). Vgl. die Erfahrungen von Servet bei Bozay (2009, 273).

nen nationalen Identität« forciert, nach Bozay »keineswegs ein Randgruppenphänomen« (344, 349).

Man wirbt also nicht um Anerkennung innerhalb der bundesrepublikanischen Gesellschaft, sucht nicht hier die öffentliche Auseinandersetzung. Es handelt sich um einen trotzigen, ideologisch vereinnahmten Protest. Ob man das mit Naika Foroutan und Daniel Kubiak (2018) als Identitätspolitik verstehen kann, ist fraglich.

Viele haben inzwischen der Aufnahmegesellschaft den Rücken gekehrt. Am rechten Rand ist nach Kemal Bozay (2018) »ein Mobilisierungspotenzial entstanden, das die soziale und politische Situation in der Türkei widerspiegelt. Die gesellschaftspolitischen Entwicklungen in der Türkei beeinflussen die politische Orientierung der türkeistämmigen Bevölkerung in Deutschland also stark und führen zu Radikalisierungserscheinungen … In den letzten Jahren ist stärker zu beobachten, dass beispielsweise (rechts-)nationalistische türkische Organisationen wie die Grauen Wölfe bundesweit an Zuwachs gewinnen … Diese Organisationen propagieren hier vor allem die … Mobilisierung des ›europäischen Türkentums‹ als ideologische Repräsentanz für die türkisch-islamische Identität in Deutschland.«

Identitätspolitische Initiativen gehen eher von *den Kurden* aus der Türkei bzw. ihren Organisationen aus. Sie bemühen sich jedoch vergeblich, in Westeuropa eine kleine Gegenöffentlichkeit für sich zu gewinnen. Erstens ist es dem NATO-Staat Türkei gelungen zu erreichen, dass Kurden hierzulande seitens der staatlichen Sicherheitsorgane und in der öffentlichen Vorstellung mit der PKK[58] identifiziert werden, die man zur Terrororganisation erklärt. Zwar konnten die Kurden mit ihrem heldenhaften Kampf gegen den IS in Syrien und im Irak Sympathien gewinnen. Außerdem hat die Konzeption für die Demokratische Föderation Nordsyrien (Rojava) ein positives Image geschaffen. Aber

58 Partiya Karkerên Kurdistanê, zu Deutsch Arbeiterpartei Kurdistans.

wiederum ist die Propaganda damit erfolgreich gewesen, die syrische Kurdenpartei PYD[59] durch die Aufdeckung der alten Verbindung zur PKK zu desavouieren. Außerdem nimmt man den Kurden die Mittel für Öffentlichkeitsarbeit. So wurde 2008 das Sendestudio des kurdischen Satellitenfernsehsenders Roj TV auf Anweisung des deutschen Innenministeriums geschlossen. Im März 2018 wurden die Geschäftsräume des Mezopotamien Verlags und der MIR Multimedia GmbH durchsucht, wobei eine Studioeinrichtung beschlagnahmt wurde. Und im Februar 2019 wurde jede Weiterarbeit jener Einrichtungen verboten (junge Welt v. 13.2.19). Nach Kenan Engin, Politikwissenschaftler und Migrationsforscher, stellen die kurdischen Immigrant*innen aus der Türkei eine heterogene, aber stark politisierte Gruppe dar. Vor allem verbinden sie die Empörung über den verweigerten Autonomiestatus und der Konflikt mit dem türkischen Staat. Sie sind sehr stark in Vereinen organisiert und dort aktiv (»Kurden in Deutschland«, 7.4.2017, www.zeit.de).

So suchen viele (Im-)Migrant*innen aus der Türkei eine kollektive Identität im nationalen Herkunftskontext zu finden, und zwar entzweit entlang ethnischer Differenzlinien. Zum Teil ist das von der deutschen Migrationspolitik verschuldet, zum Teil von der nationalistischen Politik der türkischen Regierungen.

5.
Keine soziale Bewegung ohne Identität

Jede soziale und politische Bewegung, ob nun identitätspolitischer Art oder nicht, braucht eine Identität, um Menschen mobilisieren zu können. Und die Kraft zur Mobilisierung ist die »Existenzbedingung sozialer Bewegung«, auch »das In-

59 Partiya Yekitiya Demokrat, zu Deutsch »Partei der demokratischen Union«.

Bewegung-Bleiben« (Raschke 1991, 33). Die – meist bloß fiktive – Deckungsgleichheit von individuellen Motiven und übergreifendem Zweck« (Roth/Rucht 1991, 18) macht das zu einer Herausforderung. Soziale Bewegungen sind politische Akteure ohne eine spezifische Organisationsform mit vielfältigen Aktionsansätzen. »Das Unfertige, der Suchcharakter ist Kennzeichen der meisten Bewegungen« (Raschke 1991, 33). Diese haben »keine klaren sachlichen, sozialen und zeitlichen Systemgrenzen« (Roth 1991, 263). In jüngster Zeit war die klimapolitische Schülerbewegung Fridays for Future dafür ein Beispiel. Identitätsstiftend für ihre Kampagne war, dass die Demos an vielen Orten zur selben Zeit stattfanden. Eine *Mitgliedschaft* gibt es nur bei Gruppen und Organisationen, von denen eine Bewegung getragen wird. Sie selbst kann nur auf »Anhänger« zählen (ebd.). Und für die muss die Bewegung eine Identität haben. Dazu bedarf es »hoher symbolischer Integration« (Raschke 1991, 32). Kern (2008) meint sogar, dass gerade die Neuen Sozialen Bewegungen viel Energie in die Stabilisierung ihrer kollektiven Identität investieren müssten, weil sie sich im Gegensatz zu den früheren oder »alten« sozialen Bewegungen – gemeint ist hier vor allem die Arbeiterbewegung – nicht mehr auf die gemeinsam geteilten Werte, Überzeugungen und Symbole einer Klasse oder eines sozialen Milieus stützen könnten (59). Das erklärt möglicherweise auch, warum die heutigen sozialen Bewegungen großen Wert auf Basisnähe legen, was eine eher dezentrale Organisation nahelegt (Kern 2008, 56). Anstatt einer hierarchischen Organisationsform wird Netzwerkbildung bevorzugt.

Ihre Identität werden Bewegungen primär aus der inhaltlichen *Zielsetzung und gesellschaftlichen Perspektive* schöpfen, zum Beispiel die Umwelt vor weiterer Zerstörung zu bewahren oder volle rechtliche, sozioökonomische und kulturelle Anerkennung für Frauen zu erstreiten. Eine Perspektive wie ein atomwaffenfreies Europa reicht über konkrete Ziele hinaus. Oft hat das, was eine Bewegung zusammenhält, sogar utopischen Charakter,

Weltfrieden zum Beispiel. Gerade die Identitätssuche wird aber oft zum *Anlass von Konflikten*, weil es dabei darum geht, »das Spektrum der legitimen Themen und Positionen« einzugrenzen (Roth 1991, 264). In der Frauenbewegung ist das zum Beispiel die Frage, ob die Geschlechterdifferenz Thema sein kann oder welche Bedeutung der Intersektionalität zukommt (Fraser 2001). In der Schwulenbewegung standen radikale Vertreter gegen die »Integrationisten« (Holy 1991, 141). In der Umweltbewegung ist der Streitpunkt, ob und inwieweit man systemimmanent auf Umwelttechnologien, auf einen »grünen Kapitalismus« setzen möchte oder ob man nicht das Wirtschaftssystem in Frage stellen muss.

Identitätspolitische Bewegungen formieren sich, wie oben festgestellt, aus dem Gefühl der Missachtung heraus, das die daran Beteiligten als Angehörige einer Minderheit empfinden. Dabei war es zum Beispiel in der Schwulenbewegung nicht leicht, trotz differenter Erfahrungen so etwas wie eine »schwule Identität« zu behaupten (Holy 1991, 147). Mit der Erweiterung zur LGBTQ-Bewegung dürfte sich dieses Problem verschärft haben. Andere Bewegungen entstehen aus der massenhaften Wahrnehmung sozialer Missstände oder aus einer von zahlreichen Menschen empfundenen Bedrohung heraus, so die Anti-AKW-Bewegung oder die Friedensbewegung. Auch die Umweltbewegung entspringt dem zunehmenden Bewusstsein, dass unsere Lebensgrundlagen gefährdet sind.

Damit der Protest gegen Missstände oder Bedrohungen auch artikuliert werden kann, muss der Unwille in *eine Agenda* übersetzt werden. Um nicht nur den engsten Kreis der Aktiven zu überzeugen, ist es außerdem wichtig, zum Beispiel klar zu machen, warum Atomkraftwerke nicht nur ein aktuelles Risiko darstellen, sondern dass die Entsorgung des Atommülls ein unlösbares Problem ist. Die Botschaften müssen diskursiv in einem »Rahmen« vermittelt werden, der sie für möglichst viele verständlich macht, vor allem aber auch die an der Bewegung

Beteiligten überzeugt. Dafür wird in der Bewegungsforschung der Begriff »*Framing*« verwendet (frame = Rahmen). Es geht um die Wahl des Deutungsrahmens.[60]

Auf Dauer braucht es meist die Begründung und das stützende Urteil von Wissenschaftler*innen, Publizist*innen, Journalist*innen, generell Expert*innen jeder Art, die der jeweiligen Bewegung verbunden sind. Beim Thema Umwelt haben vermutlich, um ein Beispiel zu nennen, die Warnungen des Club of Rome oder die Konferenz zu Umwelt und Entwicklung der UNO ebenso wie zahlreiche Expertisen ein kritisches Bewusstsein geweckt. Künstler*innen, Musikergruppen, Liedermacher*innen tragen dazu bei, dass eine Kultur entsteht, die Einverständnis herstellt, wo jede und jeder sich mit ihren/seinen Sorgen, Ängsten und Hoffnungen wiederfindet. Außerdem werden diese Akteure oft zu wichtigen Identifikationsfiguren. Insgesamt spielen prominente Namen keine geringe Rolle für eine soziale oder politische Bewegung.

Jede Bewegung schafft ihre eigene Öffentlichkeit, wenn auch nicht jede Öffentlichkeit eine solche Breite und Internationalität erlangt wie bei der Frauenbewegung. Es geht nach Roland Roth »um die Entfaltung einer politischen *Gegenöffentlichkeit*, die den Eigensinn der Protestmotive und Situationsbeschreibungen gegen die Definitionsmacht der Medien- und Verbandsöffentlichkeit zur Geltung bringt. Öffentlichkeitsformen der Bewegungen sind zugleich Teil ihrer Selbsterzeugung. Sie … erzeugen und verbreiten ›alternative‹ Orientierungen« (1991, 267). Hohe Bedeutung kommt dabei auch der »Demonstrationsöffentlichkeit« zu (275).

---

60 Innerhalb der Bewegungsforschung gehen viele Autor*innen unter dem Einfluss des Konstruktivismus oder der Diskurstheorie so weit, die Objektivität von Protestanlässen in Frage zu stellen. Demnach führt zumindest primär die Interpretation der sozialen Realität zur Mobilisierung. Man könnte fast sagen, sie denunzieren soziale Bewegungen als Aufputscher. (Vgl. z. B. N. Herriger: Stichwort Empowerment, unter »Materialien« als PDF auf: www.empowerment.de).

Fast jede soziale Bewegung hat oder hatte *eigene Zeitschriften und andere Periodika*. Auf ihrem Höhepunkt in den 1970er und 80er Jahren hatte die Frauenbewegung eine eigene feministische Gegenkultur und kommunikative Infrastruktur entwickelt. Dazu gehörten Zeitschriften mit hohen Auflagen, ein eigener Verlag, die Frauenreihen großer Verlage, Frauenbuchläden, Tee- und Caféstuben, Frauentheater, Filmgruppen, Gesundheitszentren (Knafla/Kulke 1991, 99 ff.; Notz 2018, 95 ff.). Für die frühe Schwulenbewegung führt Holy identitätsstiftende Zeitschriften (1991, 139, 147), Schwulendiscos und ein Tagungshaus auf (151 f.). Die technischen Medien haben sich stark gewandelt, teilweise revolutioniert. Musste man sich in den 1970er Jahren oft noch mit hektographierten »grauen Papieren« begnügen, so erleichtert *das Internet* heute die Kommunikation über Foren, Blogs und Soziale Medien. Hier müsste man von einer »zweiten Öffentlichkeit« sprechen, die sich neben der von Printmedien, Radio und Fernsehen hergestellten etabliert hat. Der Verständigung über theoretische Konzepte, Ziele und Strategien dienen außerdem Kongresse und Tagungen. Sie helfen zudem, dass die Führung den Kontakt mit der Basis nicht verliert. Vor allem Großveranstaltungen, zumal internationale, haben eine Identifikationsfunktion. Die Aktiven bekommen dort das Gefühl, am Puls der Bewegung zu sein.

Am meisten Wir-Bewusstsein aber stiften neben der Arbeit an der Basis (Infotische, Plakatieren, Verteilen von Flyern, auch längerfristige Verpflichtungen) *Demos und Kundgebungen*, noch mehr aber Aktionsformen wie die Besetzung von Objekten oder Kampagnen, die ein starkes Engagement erfordern. Denn mit der politischen Tätigkeit vollziehen sich nicht nur intensive Lernprozesse, damit wird auch Gemeinsamkeit gestiftet. Mit ihrer politischen Praxis antworten die Anhänger*innen auf eine »Anrufung« und werden damit subjektiviert, wenn man es mit der Ideologietheorie von Louis Althusser interpretiert. Umgangssprachlich ist nicht von ungefähr davon die Rede, dass man etwas »im Dienst der höheren Sache« macht. Andererseits kann man aber mit Wolfgang F. Haug im »einverständigen Leben von Gruppenidentität« das Gegenteil von ideologischer Praxis sehen, wenn Individuen und Gruppen »das praktizieren, was ihnen lebenswert erscheint und worin sie sich selber als Sinn und Zweck ihrer Lebenstätigkeit fassen« (PIT 1979, 184).

Für die Identitätsstiftung fast unverzichtbar sind *Symbole*, oft Icons wie die lachende Sonne der Anti-AKW-Bewegung oder die Sonnenblume der Umweltbewegung, die Taube der Friedensbewegung oder die Farbe Lila samt dem Symbol für weibliches Geschlecht bei der Frauenbewegung. Farben und Icons haben einen Wiedererkennungseffekt. Slogans befördern ein spontanes Einverständnis. Der rechtsextremen Identitären Bewegung bescheinigt Hentges (2018) hohe Professionalität bei der Herstellung eines Corporate Design mit einem einheitlichen Symbol[61] und einprägsamen Slogans.

Die Arbeiterklasse an sich und »für sich selbst«

Friedrich Engels hat im Lauf seiner Studien und politischen Praxis erkannt, dass die Lage der arbeitenden Klasse sie nicht automatisch zum revolutionären Subjekt macht. Und Marx hat schon 1847 in seiner Schrift »Das Elend der Philosophie«, in der er sich mit dem Frühsozialisten Proudhon auseinandersetzt, unterschieden zwischen der »Klasse an sich« und der »Klasse für sich selbst« (MEW 4, 181). Das heißt, die durch die Stellung im System der gesellschaftlichen Produktion und Reproduktion bedingten Lebenslagen bieten zwar einen Anlass für Protest und Widerstand. Aber die Subjekte müssen sich das mehr oder weniger verschleierte Ausbeutungsverhältnis erst einmal bewusst

61 Der griechische Buchstabe Lambda soll an die antike Erzählung von der Abwehrschlacht der Griechen gegen die Perser erinnern. Dies verdeutlicht das Bemühen, das Selbstverständnis historisch zu verankern.

machen, müssen sich ins Verhältnis setzen zu ihren Lebensbedingungen, um gemeinsam dagegen aufzustehen. Erst mit den Kämpfen für ein besseres Leben, beginnend mit gewerkschaftlichen Kämpfen, wird die »Klasse an sich« zu einer »Klasse für sich selbst«. Man kann auch sagen: damit gewinnt sie ihre Identität.

Aus der Warte des heutigen Intellektuellen formuliert findet man diese Einsicht bei Pierre Bourdieu: »Von der nur auf dem Papier existierenden Klasse zur ›realen‹ Klasse kommt man nur um den Preis einer politischen Mobilisierungsarbeit: Die ›reale‹ Klasse … ist immer nur die realisierte, d. h. mobilisierte Klasse, Ergebnis des Klassifizierungskampfes als eines genuin symbolischen (und politischen) Kampfes« (zit. nach Vester 2008, 740). Symbolisch ist der Kampf für Bourdieu, weil erst durch ihn die Klasse als solche wahrnehmbar wird, sowohl für die Kämpfenden selbst als auch für ihre Gegner und die übrige Gesellschaft.

Objektiv gegebene gemeinsame Interessen sind eine Dimension der »Klasse an sich«. Werden sie gemeinsam aktiv im gewerkschaftlichen oder gar im politischen Kampf vertreten, so ist das ein Anzeichen für die Konstitution als »Klasse für sich selbst« (Vester 2008, 743).[62] Die Arbeit unter dem Kapitalverhältnis ist objektiv entfremdete Arbeit; denn der Arbeiter ist nach Marx vom Produkt seiner Tätigkeit wie von »seiner eigenen Tätigkeit als einer fremden, ihm nicht angehörigen« entfremdet (MEW 40, 515). Daher ist der Arbeiter »erst außer der Arbeit bei sich und in der Arbeit außer sich« (514). Die Arbeit ist zum Mittel der Bedürfnisbefriedigung außerhalb der Arbeit geworden. Wenn man die Aussage von Marx als empirisch-psychologische Aussage liest, ist sie falsch. Denn auch im Kapital-

62 Anhand einer Passage aus Marx »Das Elend der Philosophie« unterscheidet Vester drei Dimensionen der »Klasse an sich« und zwei Dimensionen der »Klasse für sich selbst« (ebd.).

verhältnis Arbeitende sind meist stolz auf ihre Arbeit, identifizieren sich mit ihr. Zumindest Facharbeiter und Spezialisten definieren sich partiell über ihre Berufsidentität. Der Verlust der Arbeit kann zu Identitätskrisen führen. Marx meint aber den strukturell bedingt spezifischen Charakter der Arbeit, der ein gesamtgesellschaftliches Verständnis der Tätigkeit zumindest erschwert und damit auch den Übergang von der Klasse an sich zur Klasse für sich schwierig macht.

Fragen wirft Bourdieus Aussage auf, dass die reale Klasse erst »Ergebnis« des Kampfes sei. Denn um sich auf den Kampf – oder sagen wir bescheidener: eine politische Aktion – einzulassen, müssen die einzelnen sich schon als gemeinsam Betroffene und durch gleiche Interessen Verbundene verstehen. Entscheidend für die Durchsetzung der gemeinsamen Interessen ist Solidarität. Man muss wohl davon ausgehen, dass am Anfang meist ein Empfinden oder eine Ahnung von Gemeinsamkeiten steht, woraus sich im Verlauf der Aktionen *ein Bewusstsein der gemeinsamen Interessenlage und Stärke* entwickelt.

Wer gehört nun aber zur Arbeiterklasse? *Die Heterogenität dieser Klasse* erschwert den gemeinsamen Kampf und damit die Entwicklung zur »Klasse für sich«. Dieses Problem, das sich nicht nur mit der enormen Zunahme des Dienstleistungssektors im Verlauf der Entwicklung des Kapitalismus verschärft hat, hat schon Marx und Engels beschäftigt. Einerseits wurden Vereinzelung und Konkurrenz der Arbeitenden als Hindernis für die gemeinsame Mobilisierung gesehen. Andererseits führt Marx 1847 ins Feld: »Die Interessen, die Lebenslagen innerhalb des Proletariats gleichen sich immer mehr aus, indem die Maschinerie mehr und mehr die Unterschiede der Arbeit verwischt und den Lohn fast überall auf ein gleich niedriges Niveau herabdrückt« (MEW 4, 470). Vor allem aber verfolgte Marx den Übergang zur Großen Industrie, wo die Verständigung untereinander durch die Kooperation in den Betrieben, aber auch durch neue Verkehrsmittel erleichtert wurde (MEW 4, 466 f.).

Ein ähnliches Abwägen von *einerseits – andererseits* lässt sich bei den wissenschaftlichen Beobachter*innen der heutigen Klassenkampfsituation feststellen. Auf der einen Seite wird registriert, dass seit einhundert Jahren kontinuierlich immer mehr Arbeit als Lohnarbeit geleistet wird, dass m. a. W. Beschäftigte in abhängiger Beschäftigung Schritt für Schritt zugenommen haben (Mayer-Ahuja 2018, 17), wobei zugleich auch die Zunahme von Scheinselbständigkeit anzumerken wäre, die subjektiv nicht als Lohnarbeit wahrgenommen werden mag, obwohl nur die Rechtsform die Abhängigkeit vertuscht. Nicole Mayer-Ahuja stellt zum einen das Anwachsen der arbeitenden Klasse aufgrund der »Verallgemeinerung von Lohnarbeit« fest, zum anderen aber dass diese Klasse immer »vielfältiger« geworden ist (ebd.).

Die Vielfalt oder Heterogenität wird noch größer, wenn man den Blick über die nationalen und europäischen Grenzen hinaus auf die globale Entwicklung richtet, weil *das transnationale Produktionsregime* Arbeitszusammenhänge fragmentiert und extrem ungleiche Arbeitsverhältnisse schafft. Im globalen Süden handelt es sich überwiegend um informelle Beschäftigung. Und selbst innerhalb Europas muss zwischen den Zentren und der Peripherie unterschieden werden. Nach Klaus Dörre müssen jedoch sogar die »Lohnarbeitsklassen in den kapitalistischen Zentren im Plural buchstabiert werden« (2018, 44). Er sieht eine Aufspaltung in »mindestens *drei Arbeitsklassen*«, »die sich hinsichtlich der Ausbeutungsform, der Verfügung über Machtressourcen und Sozialeigentum, ihrer Stellung in Unternehmenshierarchien und gesellschaftlicher Arbeitsteilung sowie den daraus resultierenden Chancen am Arbeitsmarkt gravierend unterscheiden«: hochqualifizierte Beschäftigte und Spezialisten, dann »die Masse der Arbeiter und Angestellten« und schließlich die »teils prekär, teils informell Beschäftigten und Erwerbslosen« (44 f.). Was die Höhe der Entlohnung und die damit verbundenen Lebensstandards angeht, ist eine sich öffnende Schere zu beobachten zwischen den oberen und unteren Lohngruppen. Erstere steigen an, letztere befinden sich »im freien Fall« (Leisewitz/Lütten 2018, 31).

Wie sollen sich also die, die zwar formell alle im Lohnarbeitsverhältnis stehen, aber unterschiedliche Lebensstandards genießen und in unterschiedlichen Sozialmilieus leben, Entfremdung ihrer Arbeit auf unterschiedlichem Level erfahren (IT-Fachleute, Ausführende), als Angehörige derselben Klasse verstehen, die gemeinsame Interessen hat? Wo sind noch die Motive für kollektive Identität zu finden? Gar nicht zu reden, von den *Differenzlinien entlang ethnischer Zugehörigkeit und Staatsangehörigkeit.* »Sofern dem Alltagsbewusstsein beherrschter Klassen Orientierungen fehlen, die mobilisierte Kollektive hervorbringen könnten, wirken Klassenverhältnisse im Modus der Konkurrenz« (Dörre 2018, 46).

Mayer-Ahuja erinnert dagegen an das vermutlich von allen geteilte »Bewusstsein der eigenen Abhängigkeit von Lohnarbeit«, mit der im neoliberalen Regime keine klare Absicherung für den Fall von Krankheit oder Arbeitslosigkeit oder für das Alter verknüpft ist. Außerdem sei nicht nur das »Ende sozialer Aufwärtsmobilität« erkennbar, sondern die Gefahr des Abstiegs für alle spürbar (vgl. Sauer 2018). Und »die Erkenntnis, dass die (oft mühsam erkämpfte) Position in Betrieb und Gesellschaft zur Disposition steht, (eint) heute sehr unterschiedliche Gruppen von Arbeitenden« (Mayer-Ahuja 2018, 21). *Gemeinsame Erfahrungen* quer über die Statushierarchie sind auch: die Zunahme befristeter Arbeitsverhältnisse und die Zunahme des Leistungsdrucks, wobei sich zugleich die Sicherheits- und Aufstiegsversprechen, auf denen der Kapitalismus als »Leistungssystem« basierte, auflösen (Sauer 2018, 121).

Möglicherweise eint die abhängig Beschäftigten nicht nur der besorgte Blick in die Zukunft, sondern auch die mehr als nostalgische Erinnerung an das sogenannte Normalarbeitsverhältnis und die damit verbundenen Sicherheiten, so wie nach dem Sozialhistoriker Thompson die Erinnerung an vorkapitalistische Gemeinschaften die frühen Proletarier zum gemeinsamen Widerstand mobilisierte. Dafür waren damals nicht die aktuellen Lebensverhältnisse entscheidend, »sondern die Erfahrungen des Verlusts früherer Freiheiten und Qualitäten der Lebensweise und die daraus folgenden sozialen Spannungen« (Vester 2008, 770).

Überhaupt ist für Thompson wie für den Soziologen Bourdieu die kulturelle Dimension von Klassenzugehörigkeit hoch bedeutsam, was auch den Schluss nahelegt, dass verweigerte soziale Anerkennung ebenso das Potential zum Widerstand birgt wie materielle Unsicherheit[63] – eine Einsicht, die wir beim Thema Identitätspolitik gewonnen hatten. Wenn sich Menschen als »der letzte Dreck« fühlen, als die, »um die sich kein Politiker schert«, dann suchen manche die Aufwertung in der nationalen Gemeinschaft, wo sie nach ihrer Einbildung eine Gemeinsamkeit mit den Mächtigen und besser Gestellten teilen.

6. Nationale Identität und Nationalismus

Die Staaten in der heutigen Form erscheinen dem Durchschnittsbürger als etwas, das es immer schon gegeben hat, als »etwas Ursprüngliches und Fundamentales« (Hobsbawm 1992, 15). Dabei sind die Nationalstaaten – und alle Staaten von heute lassen sich als Nationalstaaten fassen – eine historisch junge Einrichtung, die sich dem Interesse an einem geschützten Raum für Handel und Verkehr und für die aufkommende industrielle Produktion verdankte. *Der moderne Staat* ist, so gesehen, eine

---

63 Von Interesse ist in dieser Hinsicht die Bewegung der Gilets Jaunes, für die soziale Missachtung ein wichtiges Motiv ihres Protests zu sein scheint.

Einrichtung, die rationalen, geschäftlichen Interessen entspringt. Um diese Institution aber zu stabilisieren und gegen innere und äußere Bedrohungen zu schützen, braucht es etwas, das die Masse der Staatsbürger einbindet und zusammenhält. Der Rechtsphilosoph und spätere Bundesverfassungsrichter Ernst-Wolfgang Böckenförde[64] soll 1964 gesagt haben: »Der freiheitliche, säkularisierte Staat lebt von Voraussetzungen, die er selbst nicht garantieren kann.« Die Interpreten gehen davon aus, dass das damals als Absage an die Propagierung einer nationalistischen Ideologie gemeint war. Letzteres hätte in jener Zeit keine Chance gehabt. Man kann die Aussage aber auch so verstehen, dass die junge Bundesrepublik etwas entbehrt, das Habermas später »Verfassungspatriotismus« genannt hat, also etwas, das nationale Identität stiftet. Um zu prüfen, ob der moderne Staat dergleichen braucht, und was unter Nationalismus zu verstehen ist, sollen im Folgenden vier kritische Autoren zu Wort kommen.

Der Nationalstaat, eine historisch junge Institution

Für die aufstrebende Bourgeoisie des 18. Jahrhunderts war der Merkantilismus, den absolutistische Fürsten, darunter der französische König, zur Förderung der Wirtschaftskraft ihres Landes etabliert hatten, unbefriedigend. Zwar förderte und schützte er den Handel und die Produktion. Aber Manufakturen waren von königlichen Privilegien abhängig. Und das selbstbewusst gewordene Bürgertum merkte, dass die königliche Macht sich ihrem Unternehmertum verdankte. Was lag näher, als sich selbst eine staatliche Ordnung zu verpassen, die den eigenen Interessen besser entsprach? Einige Voraussetzungen für einen modernen Staat hatte der Absolutismus schon durch die Entmachtung der politischen Stände geschaffen, dadurch, dass er alle in

64 Böckenförde war von 1983 bis 1996 Mitglied des Zweiten Senats des Bundesverfassungsgerichts.

gleichem Maß zu Untertanen gemacht, also egalisiert hatte.[65] Die Verkündung der Menschen- und Bürgerrechte schuf nun, obwohl diese als universalistische Rechte verstanden wurden, eine Nation. Denn das revolutionäre Pathos weckte, wenn man von einigen ländlichen Provinzen absieht, einen beispiellosen Patriotismus.

Nicht überall in Europa verlief der Übergang vom absolutistischen zum modernen Staat nach diesem Muster. In Großbritannien wurde nach einer frühen revolutionären Phase im 17. Jahrhundert die Monarchie wieder institutionalisiert, gewann aber nicht mehr absolutistische Macht. Im wirtschaftlich rückständigen Deutschland mit einem entsprechend schwachen Bürgertum und der Zersplitterung in viele Fürstentümer, brauchte es das ganze 19. Jahrhundert bis zur Einigung und zur Etablierung einer konstitutionellen Monarchie für das Deutsche Reich. In ähnlicher Weise vollzog sich die Einigung Italiens. In beiden Ländern wurde die Auseinandersetzung mit äußeren Feinden zur treibenden Kraft bei der Entwicklung einer nationalen Idee, in Preußen die napoleonischen Kriege, in Italien der Kampf gegen die Herrschaft der Habsburger in Norditalien.

Dass der Nationalstaat eine historisch junge Einrichtung ist, darüber herrscht Einigkeit (vgl. Hobsbawm 1992, 15). »Das entscheidende Kriterium der modernen Nation und von allem, was mit ihr zusammenhängt, ist ihre Modernität« (25). Der vormodernen Welt war nationales Denken fremd. Die Bauern und das einfache Volk generell dachten so wenig in nationalen Kategorien wie die Herrscherdynastien (62). Die Vorstellungen von Nationalstaat und Nation waren nach Hobsbawm »Bestandteil der liberalen Ideologie« (51), weil in diesen Vorstellungen »die

65 Paradoxerweise begann die Französische Revolution aber mit einer Ständeversammlung – historische Dialektik oder »die List der Geschichte«.

Entwicklung von Nationen zweifellos eine Stufe darstellte in der menschlichen Evolution oder des Fortschritts von der kleinen Gruppe zur größeren« (ebd.), m. a. W. von einer partikularistischen zu einer universellen Welt. Diese Denkform entsprach der Praxisform bürgerlichen Wirtschaftens und der Fantasie, dass sich die wirtschaftlichen Beziehungen stets weiter ausdehnen würden. Vor der Entwicklung des modernen kapitalistischen Weltsystems konnte es nach Wallerstein keine Nationalstaaten geben (1990, 102).

Als *Merkmale des modernen Staates* nennt Hobsbawm die territorialen Grenzen, die einheitliche Gesetzgebung, eine bis ›nach unten‹ durchgreifende Verwaltung, die allgemeine Schul- und Wehrpflicht, die nicht zuletzt die Loyalität der Staatsbürger, ihre Identifikation mit dem Staat garantieren sollten (1992, 99 ff.).

Der moderne Staat erfüllte für die kapitalistische Produktionsweise mehrere *unverzichtbare Funktionen*. Erstens gab er dem Geschäftsleben die nötige Rechtssicherheit und schuf die nötige Infrastruktur für den Handel, aber auch für die Produktion (Erschließung von Energiequellen, Transport von Rohstoffen). Zweitens minderte er durch territoriale Grenzen und Zölle die Risiken bei Investitionen und konnte andererseits auswärtige Absatzgebiete schaffen. Drittens entschärfte er die Konflikte zwischen Kapital und Arbeit durch Interessenvermittlung. Nötigenfalls unterdrückte der Staat Widerstände aus den Reihen der Arbeiterklasse. »Der Vorrang der Nation-Form rührt daher, dass sie zumindest auf lokaler Ebene die Eindämmung der heterogenen Klassenkämpfe erlaubte (Balibar 1990, 112).[66] Die Befriedung wurde aber nicht nur durch Interessenvermittlung und sozialpolitische Zugeständnisse wie die Sozialreformen unter Bismarck erreicht, sondern auch durch die suggestive Ver-

66 Balibar ist aber der Meinung, dass sich die »Nation-Form« nicht aus den kapitalistischen Produktionsverhältnissen »ableiten« lässt (1990, 110), was er leider nicht begründet.

mittlung einer einigenden nationalen Identität in den Schulen und im Militär.

Das »Nationalgefühl« soll vor der Bedrohung durch »innere Desintegration« wie durch äußere Aggression bewahren (Wallerstein 1990, 101). »Die an der Macht befindlichen Regierungen haben ein Interesse daran, dies Gefühl zu fördern« (ebd.). Fukuyama listet mehrere Funktionen von nationaler Identität auf. Unter anderem sieht er durch sie ebenso den Wohlfahrtsstaat gestützt, wie dieser umgekehrt die nationale Identität fördert (2019, 158). Er hat dabei die Eliten im Auge, die damit eher für sozialen Ausgleich gewonnen würden. Mit Blick auf sie meint er außerdem: »Die starken nationalen Identitäten in Japan, Südkorea und China haben Eliten erzeugt, die sich intensiv auf die Wirtschaftsentwicklung ihres Staates statt auf ihre persönliche Bereicherung konzentrierten, besonders in den frühen Jahrzehnten des raschen Wachstums« (157).[67] Nationale Identität würde auch »einen breiten Vertrauensradius ermöglichen«, der wirtschaftliche Aktivitäten und politische Partizipation erleichtere (ebd.).

Wie aber wurde und wird das »Nationalgefühl« gefördert? Und woraus speist es sich?

Nationale Identität

Grundlage der Identifikation mit der Nation ist zunächst die Gleichheit der bürgerlichen Rechte. Mit der Abschaffung des Zensuswahlrechts kommt das allgemeine Wahlrecht, lange Zeit nur den Männern gewährt, hinzu, und mit den Anfängen des Sozialstaats das allgemeine Recht auf Vorsorge und Hilfe bei Krankheit etc. Gerade dieses Recht verleitet je nach Situation dazu, Neuankömmlinge oder Zugewanderte davon auszuschließen bzw. ihnen den Zugang zu verwehren.

67 Der Nebensatz erscheint angesichts der Korruptionsprozesse in Südkorea und China wichtig.

Nationale Identität ist zwar nicht von vornherein auf Exklusion hin angelegt, hat aber insofern *ideologischen Charakter*, als sie Selbstbestimmung, genauer: Selbstvergesellschaftung, suggeriert, jedoch Unterordnung verlangt. Wolfgang F. Haug spricht von der »antagonistischen Reklamation des Gemeinwesens« (zit. nach Räthzel 1997, 41).

Dafür werden *kulturelle Symbole und Praktiken* in Dienst genommen. Das wichtigste kulturelle Medium für das Gefühl der Verbundenheit der Staatsbürger*innen mit der Nation ist die gemeinsame oder genauer vergemeinschaftete Sprache. Die staatlichen Schrift- und Verwaltungssprachen sind wie die Nationalstaaten Produkte des Modernisierungsprozesses. Die Nationalsprachen, die die regionalen Dialekte und Minderheitensprachen zur Umgangssprache herabstuften oder verdrängten, sind ein »Kunstprodukt« (Hobsbawm 1992, 68). Die Sprachkonstruktion reichte und reicht »von der bloßen ›Korrektur‹ bestehender Literatur- und Bildungssprachen über die Bildung solcher Sprachen aus dem üblichen Komplex sich überschneidender Dialekte bis hin zur Wiederbelebung toter oder fast ausgestorbener Sprachen (was praktisch auf die Erfindung neuer Sprachen hinausläuft)« (132).[68] Anzumerken ist, dass die Verwaltungssprache oft, vor allem in den Nachfolgestaaten ehemaliger Kolonien in Asien und Afrika, lediglich in der Verwaltung, der Politik, im Bildungssystem und den modernen Wirtschaftssektoren das Medium der Kommunikation ist, aber nicht den Alltag der Menschen bestimmt und von vielen kaum beherrscht wird. Ideologen schätzen den Stellenwert einer gemeinsamen Sprache für die Vorstellung von nationaler Gemeinschaft sehr hoch ein. Das belegt das Beispiel des Serbokroatischen, eine Schöpfung serbischer und kroatischer

68 Beispiele für den ersten Fall wären Französisch und Hochdeutsch, für Fall zwei das Serbokroatische und das Kurdische, für Fall drei das Neuhebräische (Ivrit) und das Neugriechische.

Linguisten, die im 19. Jahrhundert aus verschiedenen sprachlichen Varietäten die neue Schriftsprache schufen, weil ihnen ein gemeinsamer Staat der Südslawen vorschwebte. Mit genau der gegenteiligen Absicht, eine separate nationale Identität zu stiften, hat man sich nach der Zerstörung Jugoslawiens von kroatischer Seite bemüht, Kroatisch als eigene Standardsprache zu kreieren.[69]

Möglicherweise wird der Bindungseffekt sprachlicher Gemeinsamkeiten oft überschätzt, wie das Beispiel der Schweiz zeigt. Für den Historiker Hobsbawm ist die Sprache höchstens »ein Kriterium unter mehreren, an denen die Menschen die Zugehörigkeit« festmachen (1992, 77). Er hat dabei Umgangssprachen im Auge, ist sich aber wohl mit Benedict Anderson über den Stellenwert der Schriftsprachen einig. Diese schufen für Anderson »das Fundament für das Nationalbewusstsein« (1993, 51; vgl. 76ff.), wobei er sehr stark auf die Rolle der Bourgeoisien im Prozess der Nationsbildung abhebt, die Erfindung des Buchdrucks samt Buchhandel für die Identität der Eliten hoch veranschlagt. Das gedruckte Wort hat nach ihm die Vorstellung von der imaginären nationalen Gemeinschaft gefördert (82).

Wenn wir uns der Gegenwart zuwenden, dann wird die überragende *Bedeutung des Sports* und speziell sportlicher Großveranstaltungen für die Entwicklung nationaler Identität deutlich. Man braucht nur an die Fußballweltmeisterschaften von 1954 und von 2006 zu erinnern. Der ersten wird der Anstoß für ein wieder erwachendes Selbstbewusstsein der Westdeutschen zugeschrieben. Bei der zweiten war zu beobachten, wie spontan nationale Symbole aufgewertet wurden (Schminke in den Bundesfarben, überall Fahnen und Wimpel). Ein ein-

69 Die Unterscheidung zwischen den zwei Standardsprachen ist offenbar umstritten, wobei linguistische Kriterien gegenüber politischer Ideologie wohl kaum eine Rolle spielen (de.wikipedia.org: »Serbokroatische Sprache«).

drucksvolles Beispiel für die Rolle des Sports beim Prozess des Nation Building ist für Fukuyama die Rugby-Weltmeisterschaft 1995 in Südafrika. »Das neue demokratische Südafrika … war rassisch und ethnisch zersplittert. Eine der Bruchlinien durchzog den Sport, denn Weiße begeisterten sich für Rugby und Schwarze spielten Fußball« (2019, 170). Der Autor schildert, dass es Nelson Mandela damals gegen Widerstände gelang, die schwarze Bevölkerung für die Unterstützung der Rugby-Mannschaft zu gewinnen, so dass der Sieg als gemeinsamer Sieg empfunden wurde. In internationalen Wettkämpfen wird durch das Bangen um den Sieg über den Gegner das *Wir-Gefühl* gestärkt und die Vorstellung von einer nationalen Gemeinschaft bestätigt. »Was den Sport als Medium der Vermittlung einer nationalen Gesinnung zumindest bei Männern so unerhört wirksam machte, ist die Mühelosigkeit, mit der sich selbst die politisch oder öffentlich uninteressiertesten Individuen mit der Nation identifizieren können, sobald diese durch erfolgreiche Sportler (oder Sportlerinnen, G. A.) symbolisiert wird« (Hobsbawm 1992, 168).

Andersons Definition der *Nation als »vorgestellte politische Gemeinschaft«* (15) hat den Diskurs über Nation und nationale Identität nachhaltig beeinflusst, wobei sein Diktum oft mit der Auffassung verwechselt wird, die Nation sei eine Erfindung (wie bei Ernest Gellner), was er explizit korrigiert (16 f.).[70] Die Nation stütze sich zwar wie alle größeren Gemeinschaften, die nicht auf Face-to-Face-Kontakten beruhen, auf bloß vorgestellte Gemeinsamkeiten. Aber für diese finden die Subjekte durchaus kulturelle Anhaltspunkte, wie Anderson in seiner Studie ausführt. Hobsbawm, der Andersons Formulierung »glücklich« findet, nimmt an, dass diese Art von Gemeinschaft die Leere füllt, die durch den Verlust »wirklicher« Gemeinschaften ent-

70 Der Buchtitel der deutschen Ausgabe (»Die Erfindung der Nation«) hat die falsche Rezeption begünstigt.

standen ist (1992, 59). Die vorgestellte Gemeinschaft wird mit kulturellen Praktiken und Symbolen gestärkt (109). Stuart Hall spricht von einer »Erzählung der Nation«, »die in Nationalgeschichten, in der Literatur, in den Medien und der Alltagskultur immer wieder vorgetragen wird« (1994, 202).

Eine besondere Funktion kommt dabei der *Geschichtspolitik* zu. Dazu gehören »Mythen vom nationalen Ursprung«, von »der Selbstentfaltung des nationalen Wesens« (Balibar 1990, 107; Hall 1994, 202f.), und zwar meist in linearer Entwicklung (von den Galliern, den Germanen oder den nomadischen Türken im fernen Osten bis heute), nationale Heldengeschichten und -gestalten (Vercingetorix, Hermann der Cherusker, die Nibelungen, die Makkabäer) und die Erinnerung an Eroberungen, aber auch an kulturelle oder technologische Leistungen (Reformation, französische Aufklärung). Denkmäler helfen, ein *kollektives Gedächtnis* in den Köpfen zu verankern und die Nation als »tägliches Plebiszit« (Ernest Renan) zu fördern. In der Terminologie von Jan Assmann sind sie Teil des »kollektiven Gedächtnisses«, wo »Erinnerung durch kulturelle Formung (Texte, Riten, Denkmäler) und institutionalisierte Kommunikation (Rezitation, Begehung, Betrachtung) wachgehalten wird« (1988, 12).[71]

Die Frage ist nicht, ob es eine Geschichtsrekonstruktion geben kann, die völlig unumstritten ist. »In jeder Gesellschaft gibt es nicht nur einen Geschichtenerzähler, sondern stets mehrere, die sich nicht einmal über den allgemeinen Aufbau der Erzählung verständigen können«, so Harold James in seinem Buch über »Deutsche Identität« (1991, 17). Es geht darum, ob eine Gesellschaft bemüht ist, der eigenen Geschichte unvoreingenommen nachzuforschen, und wieweit sie ideologische

---

71 Staatliche Feiertage sind Teil der Geschichtspolitik, in Frankreich der 14. Juli in Erinnerung an den Beginn der Französischen Revolution, in der Bundesrepublik der 3. Oktober als »Tag der deutschen Einheit«.

Apparate an politisch erwünschten Selbstbildern arbeiten lässt. Damit verknüpft ist auch die Frage, ob Nationen durchweg Fiktionen sind, oder ob es historisch bedingte Gemeinsamkeiten geben könnte. »Projekt und Schicksal sind die beiden symmetrischen Figuren der Illusion über die nationale Identität«, so Étienne Balibar (1990, 107). Der Austromarxist Otto Bauer (1907/1975) dagegen sah Nationen durch eine historische »Schicksalsgemeinschaft« begründet. Der »Niederschlag vergangener geschichtlicher Prozesse« bedingt nach ihm eine besondere Aneignungs- und Darstellungsweise von Welt, einen »Nationalcharakter«. Auch für den Soziologen Norbert Elias gibt es einen *»nationalen Habitus«*, den er ähnlich wie Bauer mit »den langfristigen Schicksalen und Erfahrungen eines Volkes« erklärt (1989, 27) und speziell in Bezug auf das deutsche Bürgertum »aufs engste mit dem jeweiligen Staatsbildungsprozess verknüpft« sieht (8). Während es Otto Bauer darum ging, die Möglichkeiten gemeinsamer sozialistischer Politik im Vielvölkerstaat der Habsburger Monarchie auszuloten,[72] forschte Norbert Elias nach den tieferen Gründen für die Politik des Deutschen Reichs.[73]

Aufschlussreich ist, dass Elias nicht nur einen »nationalen Habitus« annimmt, sondern auch noch *»Wir-Bild« und »Wir-Ideal«* unterscheidet (197). So wie Identität beim Individuum das persönliche Verhältnis zur eigenen Lebensgeschichte und zu den eigenen habituell gewordenen Eigenheiten meint, so kann nationale Identität nur das Verhältnis zur eigenen Geschichte

72 Für Bauer gilt es zu erforschen, »wie das Band der Zugehörigkeit zu einer nationalen Gemeinschaft den Willen der kämpfenden Arbeiter bestimmt« (49).

73 Auch in »Geschichte und Eigensinn« von Oskar Negt u. Alexander Kluge findet man zahllose Hinweise auf nationalspezifische Erfahrungen von Herrschaft und Widerstand, vom spezifischen Verlauf der ursprünglichen Akkumulation in deutschen Landen und »fehlgeschlagenen Versuchen zur Souveränität« (1981, 398).

meinen, nichts Substantielles.[74] Die historische Rekonstruktion wird dabei immer selektiv sein.

Im nationalen Selbstbild sind meist die dunklen Seiten ausgelöscht, weil sie dem »Wir-Ideal« nicht entsprechen, so zum Beispiel bei den US-Bürgern die Vertreibung der Natives, die Massaker an ihnen und die Sklaverei.[75] Eine kalifornische Initiative zur Förderung von Selbstachtung hielt 1990 in einem Dokument fest, »dass alle Menschen ›von ihrem Schöpfer mit gewissen unveräußerlichen Rechten begabt sind‹. Diese Überzeugung ist im Hinblick auf die Würde eines jeden Menschen seit langem Teil des moralischen und religiösen Erbes unserer Nation« (zit. nach Fukuyama 2019, 119). Trotz der Diskrepanz zur historischen Realität mag ein solches »Wir-Bild« eine humanistische Haltung bei den Zeitgenossen fördern. Einige Staaten in Lateinamerika haben religiöse Vorstellungen der indigenen Andenvölker von der Mutter Erde aufgegriffen, deren Schonung ein »buen vivir«, ein gutes Leben, verspricht – ein Narrativ, das historischer Forschung nicht standhalten muss, um bedeutsam für das Selbstverständnis vieler Politiker*innen und Bürger*innen zu werden. Die Geschichtspolitik der ehemaligen DDR rückte, von entsprechender Zuversicht geleitet, das humanistische und zukunftsweisende Erbe aus der deutschen Geschichte ins Zentrum. Auch für Geschichtspolitik und -unterricht in Gesamtdeutschland sind nicht mehr Bismarcktürme und Germanenkult kennzeichnend. Dazu waren »Wir-Bild« und »Wir-

---

74 Die Begriffe »Wir-Bild« und »Wir-Ideal« formuliert Elias in Analogie zur psychoanalytischen Terminologie. Auch Balibar differenziert zwischen Ethnizität, die allerdings für ihn bereits fiktiv ist, und »ideeller Nation« (1990, 118 ff.). Harold James hält die Beschäftigung »mit der Suche nach einem schwer fassbaren Nationalcharakter« für überflüssig (1991, 18 f.).

75 Etwas ehrlicher ist die Aussage von Elizabeth Warren, Senatorin aus Massachusetts: »Wir Amerikaner erzählen uns gern die Geschichte, wie wir eine liberale Weltordnung errichteten« (Blätter f. dt. u. internat. Politik 2/19, S. 79).

Ideal« angesichts des Zivilisationsbruchs im Faschismus zu sehr in die Krise geraten. *Die Verbrechen im faschistischen Deutschland* konnte man nicht »unter den Teppich kehren«. Aber Nora Räthzel registriert zum Beispiel bei den offiziellen Ansprachen zum fünfzigsten Jahrestag des Kriegsendes im Jahr 1995 ein »beschweigendes Reden« (1997, 230). Es ist auch verräterisch, dass man sich schwer tut, im Rückblick auf 1945 von »Befreiung« zu sprechen. Umgangssprachlich dürfte immer noch die Rede vom »Zusammenbruch« verbreitet sein.

Aufschlussreich ist der Tenor im Feuilleton der tonangebenden Zeitungen der 1990er Jahre, den Nora Räthzels Inhaltsanalyse beleuchtet. Mehrfach ist in den Texten von »gebrochener« oder »beschädigter« deutscher Identität die Rede (1997, 147, 165), auch von »Identitätsdefiziten«. Der Faschismus wird zwar »nicht freigesprochen, aber indem er einerseits auf die Jahre 1933 bis 1945 und auf eine herrschende Schicht eingegrenzt wird und andererseits als unerklärbar dargestellt wird, bleibt die Verurteilung folgenlos« (244).[76]

Themen wie Nationalbewusstsein und nationale Identität waren lange Zeit tabuisiert, wahrscheinlich auch mit Seitenblick auf die misstrauischen ehemaligen Alliierten. Später schwankte der Elitendiskurs zwischen Kleinmut und Aufbegehren gegen die »unaufhörliche Präsentation unserer Schande« (Martin Walser 1998). Franz Josef Strauß (CSU) hatte schon 1986 forsch getönt: »Die ewige Vergangenheitsbewältigung als gesellschaftliche Dauerbüßeraufgabe lähmt ein Volk« (»Nach der Wende die Spitzkehre?«, 5.12.1986, www.zeit.de). Mit solchen Äußerungen stand Strauß damals noch allein. Die AfD gab es noch nicht. Sie hätte applaudiert. Ein gängiges Muster war es, die

76 Die Kriegsschuldfrage, d. h. die Rolle des Deutschen Reichs im Jahr 1914, die ab den 1960er Jahren entschieden schien, gilt inzwischen wieder als umstritten. Dankbar griff man die entlastende Studie des australischen Historikers Christopher Clark auf (Clark: Die Schlafwandler. Wie Europa in den Ersten Weltkrieg zog. München 2013).

Nazi-Verbrechen wegen ihrer Monstrosität für schlicht unfassbar zu erklären, was für die »Aufarbeitung« wenig hilfreich war. Mit der verschärften gesellschaftlichen Krise im vergangenen Jahrzehnt kam es, so könnte man sagen, zur Wiederkehr des Verdrängten.

Ein Weg der »Vergangenheitsbewältigung« besteht auch darin, dass man die vorbehaltlose Verteidigung israelischer Politik zur Staatsräson erklärt, was auch Zensurmaßnahmen für israelkritische Veranstaltungen zur Folge hat, wobei man paradoxerweise auch jüdische Organisationen nicht schont. Aufschlussreich ist die Replik von Iris Hefets, die als Vorsitzende des Vereins »Jüdische Stimme für gerechten Frieden in Nahost« am 9. März 2019 in ihrer Dankesrede für den Göttinger Friedenspreis – die Preisverleihung war von Raumverbot betroffen – bemerkte: »Nicht wenige jüdische und nichtjüdische Deutsche versuchen, ihre Schwierigkeiten mit ihrer Identität durch eine kritiklose Identifizierung mit dem Staat Israel zu lösen. Egal welche Politik die israelische Regierung betreibt, sie sind dabei.« Sobald eine Gruppe gegen die Verletzung der Rechte der Palästinenser protestiere, werde sie in den Medien reflexartig nach immer gleichem Muster des Antisemitismus beschuldigt, um den Protest zu ersticken. Statt der Verdrängung greift hier der Mechanismus der Projektion. Die eigene Schuld wird auf die Palästinenser, oft auch generell auf Araber, und die Kritiker des Staates Israel projiziert.[77]

Die Bemühungen um die Wiedergewinnung einer nationalen Identität sind in der Bundesrepublik nicht nur durch die unvergleichliche historische Schuld belastet, sondern auch dadurch, dass 1990 *das Erbe des zweiten deutschen Staates* in

77 Zur Dokumentation der Dankesrede vgl. www.lebenshaus-alb.de/magazin/012110.html. Stadt und Universität Göttingen hatten ihre Unterstützung als Kuratoriumsmitglieder der Stiftung des Göttinger Friedenspreises verweigert, was ein Raumverbot seitens der Universitätspräsidentin einschloss.

kolonialistischer Manier getilgt wurde.[78] Es wurden nicht nur Industrieanlagen gewaltsam expropriiert, sondern auch kulturelle und soziale Errungenschaften ausgelöscht. Selbst identitätsstiftende Gebäude mussten einer neuen Architektur weichen. Die Entwertung ihrer Biographien dürfte es früheren DDR-Bürger*innen erschweren, sich mit der Bundesrepublik zu identifizieren.

Die Europäische Union dient im jetzigen Stadium des Kapitalismus dem gleichen Zweck wie in der Vergangenheit die Gründung der Nationalstaaten, als das nationale Kapital nach Erweiterung und Sicherung des Wirtschaftsraums verlangte. Wenn man nun wie Fukuyama der nationalen Identität eine große Bedeutung für die staatliche Stabilität zuspricht, dann muss man annehmen, dass heute auch die EU auf die Bildung einer europäischen Identität angewiesen wäre. Fukuyama geht auf die Schwierigkeiten ein, das zu erreichen. Sein vorläufiges Fazit: »Den EU-Anhängern ist es nicht gelungen, eine überzeugende proeuropäische Identität entstehen zu lassen, welche die Pendants in den Mitgliedstaaten ersetzt« (2019, 182). Den Grund dafür sieht er in den nach wie vor zu starken nationalen Identitäten. Die Abwehrreaktion gegen die Migration habe sogar die Nationalismen gesteigert (ebd.). Diese Begründung ist insofern tautologisch, als das Beharren auf nationalen oder gar nationalistischen Standpunkten gerade zu erklären ist. Ins Feld zu führen ist hier, wie schon oft kritisiert, *die Reduktion auf die Währungsunion* ohne einheitliche Steuerpolitik, ohne einheitliche Arbeitsmarkt-, Lohn- und Sozialpolitik. Selbst ein Finanzausgleich stößt in Deutschland auf Ablehnung. Es gibt auch nur schüchterne Ansätze einer europäischen Öffentlichkeit. Zusammen mit den konstitutionellen Demokratiedefiziten ver-

78 In Dresden wurde Anfang April 2019 eine Tagung unter dem Titel »Kolonie Ost? Aspekte von ›Kolonialisierung‹ in Ostdeutschland seit 1990« veranstaltet.

hindert all das die Herausbildung einer europäischen Identität. Hilflos wirken die Versuche, sie kulturell zu begründen (siehe Roose 2018).

Nationalismus

Wo beginnt der Nationalismus? Wenn wir ihn im Licht der Ideologietheorie studieren, dann müssten sich bestimmte Funktionen und Effekte auf das gesellschaftliche Bewusstsein finden lassen. Ideologie nach der Definition von Stuart Hall bewirkt eine Naturalisierung gesellschaftlicher Verhältnisse.[79] Soziale Hierarchien werden dadurch ebenso als »natürlich« vorgestellt wie die Rangordnung zwischen Völkern und »Rassen« oder auch zwischen den Geschlechtern. Auch die Exklusivität der Zugehörigkeit zum »Volk« ist ein ideologischer Effekt. Beim völkischen Nationalismus leistet der *Abstammungs- oder Ursprungsmythos* die Naturalisierung, indem er die Nation zur nicht hinterfragbaren Gegebenheit macht. Er begründet ihr Ansehen und ihre Geschlossenheit, regelt die Zugehörigkeit und rechtfertigt je nach historischer Situation auch außenpolitische Ansprüche samt gewaltsamer Expansion.

Zum Teil hat der Nationalismus in Deutschland neue Motive und Gründe gefunden. Eine neue Variante von Nationalismus hat eine Forschergruppe Anfang der 1990er Jahre in einer Studie mit Jugendlichen entdeckt. Der »Wohlstandschauvinismus«, so die Bezeichnung, stützte sich auf die Identifikation mit dem überlegenen System (Held u. a. 1992, 25) und die »Überidentifikation mit deutschen Wirtschaftsinteressen« (28). Der stark verinnerlichte Leistungsgedanke rechtfertigte für die Jugendlichen nicht nur soziale Ungleichheit, sondern auch Ausschluss. Diese Art von Nationalismus bildete also ein funktionales Äquivalent zum alten Nationalismus. Ähnlich

79 Der historische Nationalismus im Stadium des Nation Building ist nicht Ideologie in diesem Sinn (vgl. Hobsbawm 1992).

dem Wohlstandschauvinismus fetischisiert der *»Standortnationalismus«* (Butterwegge) das Leistungsdenken und den Wettbewerb und verstärkt damit die Tendenz zur Ausgrenzung von Schwächeren und auch zur Abwehr von Eindringlingen. Sozialstaatliche Leistungen sollen den »Einheimischen« vorbehalten sein. Er dient der »Aufrüstung bzw. Aufwertung des ›eigenen‹ Wirtschaftsstandortes« in Reaktion auf die neoliberale Globalisierung (Butterwegge 2002, 86). »Der modernisierte Rechtsextremismus will nicht mehr in erster Linie fremde Länder, sondern neue Märkte erobern« (87). Ein völkischer Nationalismus ist nach Butterwegge eher bei Globalisierungsverlierern zu finden (ebd.). Für Wallerstein ist Nationalismus generell in der wechselnden Rangordnung der Staaten im kapitalistischen Weltsystem begründet (1990, 101). Entsprach der Wohlstandschauvinismus der Identifikation mit einer starken Wirtschaftspolitik, so kann heute gerade die Enttäuschung über politische Programme und Projekte den Nationalismus schüren (Hobsbawm 1992, 170).

Von Interesse ist *der Nationalismus in Ost- und Südosteuropa*, weil das vielschichtige Bedingungsgefüge für diese Ideologie exemplarischen Charakter hat. Da sind zum ersten die Schwierigkeiten des Übergangs vom planwirtschaftlichen System zur Marktwirtschaft, und das mit neoliberalen Vorgaben. Und da ist zum zweiten die Vorgeschichte: Die Länder waren über kürzere oder längere Zeit Teile von Imperien. Ein Teil Polens gehörte zum Beispiel zum Zarenreich. Auf dem Balkan herrschten über Jahrhunderte die Osmanen, bis sie von den Habsburgern abgelöst wurden. Im Rückblick wird Fremdherrschaft dabei aus dem heutigen Nationalbewusstsein heraus interpretiert. Obwohl zum Beispiel die Unterwerfung der Hussiten im Böhmen des 17. Jahrhunderts der dynastischen Herrschaftssicherung diente, wird sie als nationale Unterdrückung gedeutet. Allgemein wird nationale Homogenität angestrebt. Dabei waren diese Länder alle multiethnisch, weil sie an der offenen Flanke Europas vielen Wanderungen ausgesetzt und früher Ziel von merkantilistischen Siedlungsprojekten waren.

Ein völkischer Nationalismus kann ebenso wie Rassismus sowohl biologistisch als auch kulturalistisch begründet sein. Das Verhältnis zwischen beiden Ideologien wird unterschiedlich gesehen. Für Anderson besteht zwischen beiden ein wesentlicher Unterschied. »Der Nationalismus denkt … in historisch-schicksalhaften Begriffen, während der Rassismus von immerwährenden Verunreinigungen träumt … außerhalb der Geschichte« (1993, 150). Balibar macht diese Unterscheidung nicht mit, aber auch für ihn bezieht sich der Rassismus auf »anthropologische Universalien« (1990, 72) und ist insofern ahistorisch. Da aber der ideale Menschentyp irgendwo verkörpert sein müsse, könne sich der Nationalismus als »integraler Rassismus« verstehen (75).

Ein völkischer Nationalismus teilt mit dem Rassismus den *Reinheitswahn*, der das »Zeitalter der Extreme« (Hobsbawm) prägte, das mit ethnischen Vertreibungen und Bevölkerungsaustausch begann und 1994 mit dem Genozid in Ruanda endete. 1913 wurde nach den Balkankriegen zweimal ein Bevölkerungsaustausch zwischen den Balkanstaaten vereinbart. 1915 bis 1917 vernichtete die junge, vom Nationalismus Europas angesteckte Türkei die armenische Bevölkerung durch Deportationen und Massaker. Nach dem Ersten Weltkrieg wurden die jeweiligen Minderheiten zwischen der Türkei und Griechenland, insgesamt mehr als eineinhalb Millionen Menschen, ausgetauscht. Nach der Unabhängigkeit der britischen Kolonie auf dem indischen Subkontinent und ihrer Teilung in zwei Staaten mussten 1947 rund 10 Millionen auf beiden Seiten ihre Heimat verlassen. Den Grund dafür hatte die britische Kolonialmacht geschaffen, indem sie die Unterscheidung zwischen Hindus und Muslimen förderte.

Dass rassistische Ausgrenzung in Krisenlagen rasch folgt, wenn Nationalismus das allgemeine Denken besetzt hat, zeigt sich am Schicksal der Roma in den Balkanstaaten.

7. Identität in der Ideologie der Neuen Rechten

Identität ist als »nationale« oder »kulturelle Identität« zur zentralen Kategorie in der Ideologie der Neuen Rechten geworden,[80] daher auch die selbstgewählte Benennung einer Strömung als »Identitäre Bewegung«. Die Neue Rechte geht auf die Rezeption des Gedankenguts und der Aktionsformen der *Nouvelle Droite* aus Frankreich zurück. Die Gründung des Instituts für Staatspolitik im Jahr 2000 diente der Verbreitung dieses Ideenguts. Auch die Identitäre Bewegung, als »Bewegung« bis vor kurzem noch mehr Beschwörung als Realität (Hentges u.a. 2014), gilt als Importgut aus Frankreich.[81] Die Jugendsektion des »Bloc identitaire« nennt sich dort »Génération identitaire«. Als Vorbild dient außerdem CasaPound Italia, besonders was die Aktionsformen betrifft, die man von der Neuen Linken kopiert hat (Hentges 2018). Diese Strömungen der Neuen Rechten haben allerdings in *Henning Eichberg*, der schon 1978 mit der Schrift »Nationale Identität« den Fokus auf Identität richtete, auch einen deutschen Vordenker (ebd.). Als »Identitäre« bezeichneten sich zuerst neue Rechte in Österreich ab 2012. Seit 2014 firmiert die Gruppierung in der Bundesrepublik als »Identitäre Bewegung Deutschland«. Nicht nur, aber vor allem die Migration bedroht, so die Botschaft, unsere Identität als Deutsche und Europäer. Bei einem Treffen in Frankfurt/M. warnte man 2012: »Europa steht auf dem Spiel. Keine Kinder. Massenzuwanderung. Dekadenz & Kulturverfall. Islamisierung. Selbsthass. Fremdenliebe. Wirtschaftskrise. Asylbetrug. Rechtsfreie Räume. Scharia-Zonen. Migrantengewalt. Political

80 Ich vernachlässige die neoliberalnationalistische und die nationalkonservative Strömung in der Neuen Rechten, die parteipolitisch innerhalb der AfD bedeutsam sind.

81 2016 rechnete der Verfassungsschutz ca. 300 Personen diesem politischen Spektrum zu (Hentges 2018).

Correctness. Wenn wir jetzt nichts tun, waren wir die letzte freie Generation Europas« (zit. nach Hentges u. a. 2014, 7).

Ähnliche Ängste werden in den USA geschürt, wo die white supremacy nicht mehr gesichert scheint. In Deutschland hat die Ideologie Eingang in das Parlament gefunden. Marc Jongen, Abgeordneter der AfD, forderte zum Beispiel am 21. März 2018 die Bildung »einer eigenen kulturellen Identität ohne Denkverbote und permanente Nazikeule« (junge Welt v. 13.2.2019, S. 7). Und der Vizechef des AfD-Kreisverbandes Unterfranken-Nord, Jochen Behr, meinte in einem Post im Internet, man könne ein Volk auch töten, »indem man ihm das nimmt, was es ausmacht, seine Identität … Das gilt auch für das deutsche Volk« (junge Welt v. 2.1.2019, S. 15).

Politische Mimikry

So einfach und schlicht und auf Anhieb als rechtes Gedankengut erkennbar sind die Äußerungen im neurechten Diskurs keineswegs immer. Manche Texte wirken auf den ersten Blick verwirrend. Das gilt bereits für die Texte von *Alain de Benoist*, der als Begründer der Neuen Rechten gilt. Er wendet sich zum Beispiel gegen die Globalisierung, weil sie »die Vielgestaltigkeit der Welt«, die er preist, »zugunsten der Entfesselung des Kapitals« zerstöre (de.wikipedia.org: »Alain de Benoist«). Erst auf den zweiten Blick wird einem klar, was nicht in den Blick kommt, nämlich die Zerstörung sozialer Strukturen, die erst die Lebensfähigkeit der Kulturen untergräbt.[82] Außerdem macht stutzig, dass für ihn Ungleichheiten ein »notwendiges Ergebnis« der Vielgestaltigkeit sind. Genaues Lesen verlangt auch sein Bekenntnis: »Ich billige keinerlei Kastenprivileg. Ich mache die Chancengleichheit zu einer Forderung jeder Sozialpolitik«

82 Dass man rechte Texte bei Themen wie Globalisierung missverstehen kann, das erklärt sich daraus, dass Kapitalismus eine leere Formel bleibt. Eine Ausnahme bildet ein Querfront-Stratege wie Benedikt Kaiser.

(ebd.). Er verabscheut Ungleichheiten, wie er versichert. Aber was kennzeichnet »die oft verabscheuungswürdigen Ungleichheiten«? Wodurch sind sie bedingt? De Benoist spricht sich auch »für einen gemäßigten Multikulturalismus aus, der vom Kommunitarismus inspiriert ist und der zugleich sowohl Assimilation wie Apartheid zurückweist« (Interview in: Junge Freiheit v. 17.7.1998).

Häufig findet man die Beteuerung, dass ein gesellschaftlicher Konflikt entstanden sei, der nicht mehr in den politischen Kategorien von rechts und links zu fassen sei (z. B. in Sezession 87, 17).[83] Schon Eichberg postulierte 1978: »Die Kategorien von ›Rechts‹ und ›Links‹ erweisen sich selbst als überholt« (zit. nach Hentges u. a. 2014, 2). Ein Interview wird eingeleitet mit der Charakteristik: »Diego Fusaro hält die alten Kategorien von Links und Rechts überholt« (sic!, Compact 03/19, 62). Der Interviewte versichert. »Ich halte den historischen Widerstand gegen den Faschismus nicht nur für gerechtfertigt, sondern sogar für notwendig« (ebd.). Dabei ist das Adjektiv »historisch« zu beachten, wie die darauf folgende Anmerkung zeigt, dass wir in einer Epoche lebten, »in der der Faschismus gar nicht mehr existiert.« Fusaro trifft eine Unterscheidung, deren praktische Konsequenzen er im Unklaren lässt. Man solle »nicht gegen die Migranten, sondern gegen die Masseneinwanderung sein« (63).

Politische Mimikry macht die Zuordnung oft nicht einfach. Im Magazin *Compact*, herausgegeben von Jürgen Elsässer, findet man einen Artikel über den Putsch in Venezuela und einen über die kriminellen Gangs in El Salvador (Heft 03/19). Beide könnten auch in einem linken Organ stehen. Die kryptische Sprache in einem Essay über die Rote Armee Fraktion in der Zeitschrift *Sezession* macht es schwer, die Konsequenz der

---

83 Der Autor nimmt dabei eine radikale Umdeutung eines Artikels von Frank Furedi (2018) vor.

Ausführungen zu erschließen. Der Verfasser beendet ihn übrigens mit dem Adorno-Zitat »Es gibt kein richtiges Leben im falschen« (Sezession 87, 35). Vieldeutige Formulierungen sind eine Spezialität neurechter Publizistik. Die Tarnung ließe sich zum Beispiel an einem Artikel über Alt-Right-Positionen in den USA zeigen, in dem der Autor distanziert sachlich referiert, aber die extrem rassistischen Positionen doch als ernst zu nehmende offeriert. Schließlich bewegten sich »auch profilierte Wissenschaftler« im Umkreis der Alt-Right (Sezession 87, 13). Exemplarische Betrachtung verdienen die gewundenen Äußerungen, mit denen sich der Verfasser vom »rassischen Antisemitismus« der Alt-Right distanziert: »Aber freilich sollte die behauptete Virulenz der jüdischen Frage nicht schon darum bestritten werden, weil deren antisemitische Beantwortung auch den meisten Nichtjuden unerträglich ist; denn unstrittig ist allemal, daß die neokonservative und multikulturelle Wende in der amerikanischen Politik maßgeblich von jüdischen Strategen und Ideologen eingeleitet wurde« (12).[84]

Verwirrend dürfte für den durchschnittlichen Leser oder Internet-Nutzer auch folgende Passage sein: »Nur wer ein ehrliches und aufrechtes Verhältnis von sich selbst und dem Eigenen definiert, kann gleichzeitig dem Anderen offen und anerkennend in der Verschiedenartigkeit begegnen. Diese inhaltliche Positionierung erteilt jeglichem Rassismus und Chauvinismus eine klare Absage« (»Was heißt für euch eigentlich Identität?«, www.identitaere-bewegung.de).

Der Tarnung dienen speziell bei den Identitären auch Sprachregelungen. Statt von »Umvolkung« ist vom »Großen Austausch« die Rede, statt von Abschiebungen von »Remigration«, die dem Erhalt des »Ethnopluralismus« dienen soll.

84 Die neue Rechtschreibung wird von vielen Rechtsradikalen boykottiert, anscheinend um Widerstand gegen den gesellschaftlichen Mainstream zu demonstrieren.

Kernpositionen der Identitären

Die tragenden Elemente der identitären Ideologie lassen sich so zusammenfassen: Völker können nur überleben, wenn und solange sie ihre »ethnokulturelle« Identität bewahren (a). Dabei wird zwischen der regionalen, der nationalen und der europäischen Ebene unterschieden.[85] Auch das Individuum kann Identität nur in diesem kollektiven Rahmen entwickeln. Die ethnokulturelle Identität ist primär durch die Migration, generell durch die Globalisierung bedroht (b). Daher muss die Einwanderung aus fremdkulturellen Regionen verhindert oder rückgängig gemacht werden. Voraussetzung sind die Wiedererweckung eines Nationalbewusstseins, aber auch des Bewusstseins von der »zivilisatorischen Identität« Europas und die Sicherung der europäischen Grenzen. Eine weitere Bedrohung (c) stellt die fehlende »demographische Dynamik« dar, weil diese den Selbstbehauptungswillen von Völkern schwächt (Götz Kubitschek in einem Referat am 25.8.2018 in Dresden). In Deutschland ist dafür aber auch der von den »Eliten« gepflegte lähmende Komplex einer Kollektivschuld verantwortlich. Das »einfache Volk« hat ein Gespür für diese Bedrohungen, sein Widerstand wird jedoch durch den »Zeitgeist« erschwert. Das Volk wird von den »transatlantischen Eliten« gegängelt (d). Kubitschek will dem eine Avantgarde entgegensetzen, die sich der medialen »Ablenkung« verweigert und durch geistige »Askese« auszeichnet (ebd.). Eine Gefahr für die völkische und individuelle Identität wird auch im Verfall stützender Ordnungsgerüste gesehen, die als natürlich gelten. Speziell die traditionelle Geschlechterordnung soll nicht in Frage gestellt werden (e).

Das höchste Gut ist für die Identitären *die »ethnokulturelle Identität«*. Sie gilt es zu verteidigen, weil sie dem Individuum

---

85 Mit dem Begriff »Volk« sind indirekt immer Nationen und Nationalitäten des globalen Nordens gemeint, wie aus den Kontexten hervorgeht. Ich habe keine Definition des Begriffs gefunden.

einen Platz in der Gesellschaft und seinem Volk einen Platz in der internationalen Rangordnung sichert (Goetz 2018, 43). Die eigene identitäre Position klärt der Verfasser eines Artikels über die US-amerikanischen Alt-Right in Absetzung von deren biologistischem Rassismus: »… ihre Abkehr von der christlich-konservativen Leitkultur hat einer neuheidnisch-naturalistischen Denkungsart Vorschub geleistet, welche kulturelle Identitätsfragen zuweilen kurzschlüssig mit rassischen Gegebenheiten und genetischen Gruppeninteressen beantwortet« (Sezession 87, 13). Identität wird also als kulturell determiniert gesehen, ohne dass »rassische Gegebenheiten« geleugnet werden. Anerkennend wird sogar vermerkt, dass einer der Verteidiger der white identity sich nicht »der alten kulturhistorischen Einsicht« verschließt, »daß Zivilisationen nicht allein von politischen Prinzipien zusammengehalten werden, sondern letztlich auf rassischen Fundamenten ruhen« (15). Rassenunterschiede sind demnach eine Tatsache, aber sie begründen nicht völkische Identität. Diese ist Ergebnis eines kulturellen Prozesses, zweifellos aber auch exklusiv.

Einer der Beiträger in der Zeitschrift *Sezession* zeichnet die »Konturen einer endlosen Krise« nach. Er diagnostiziert eine »kognitive Dissonanz« zwischen Wirtschaftswachstum und »Enteignung der Sparer«, zwischen Vollbeschäftigung und Zuwanderungspolitik und »die tiefgreifende Verunsicherung eines Gemeinwesens« seit Merkels Grenzöffnung (87, 16 f.). Große Bedenken gelten der »heutigen Identitätspolitik« von Minderheiten mit ihrer »Tendenz zur Abschottung und Individualisierung«, was zur »Fragmentierung des Gemeinwesens« führe (18), eine fast wörtliche Übernahme von Formulierungen aus einem Artikel des Soziologen Furedi (2018), dessen aufklärerische Intention ins Gegenteil verkehrt wird. Der Autor suggeriert den Lesern, dass Furedi einen »europäischen Krieg der Kulturen und Werte« diagnostiziere (17).

Die Fetischisierung der nationalen Identität liefert auch Maßstäbe für Architektur und Stadtplanung. Der Kunsthistoriker Claus Wolfschlag wirbt leidenschaftlich für die umstrittene Rekonstruktion eines Teils des im Krieg zerstörten Frankfurter Altstadtzentrums, wie er auch die Rekonstruktion des Berliner Schlosses und alle Projekte dieser Art verteidigt. Denn: »Die Dekonstruktion der Identität findet nicht nur auf dem Gebiet der Bevölkerungsumschichtung statt« (Sezession 86, 48).

Zur Rettung des deutschen Volkes und Europas ist man verpflichtet, den »Großen Austausch« zu verhindern. Der Begriff ist übernommen von Renaud Camus, dessen Buch »Le grand remplacement« (3. Aufl. 2015) man 2016 unter dem Titel »Revolte gegen den Großen Austausch« auf den Markt brachte. Camus hat nach Hentges (2018) als Stichwortgeber oder Theoretiker der Identitären an Bedeutung gewonnen. Das von ihm entworfene Bedrohungsszenario ist die Eroberung Europas durch die ehemaligen Kolonialvölker, was sich als Angstprojektion eines Nachkommens ehemaliger kolonialer Eroberer deuten lässt. Wenn schon Migration, so in deutschsprachigen Presseorganen der Identitären Bewegung, dann sollte sie selektiv sein mit Rücksicht auf die kulturelle Homogenität, aber auch im Hinblick auf den Gewinn für die Wirtschaft. Die Junge Alternative fordert in ihrem Grundsatzprogramm, »dass in Zukunft bei der Auswahl von Flüchtlingen uns kulturell nahestehende Minderheiten bevorzugt aufgenommen werden« (zit. nach Compact 03/19, 46). »Zusätzlich dazu müsste aber ... die kulturelle Nähe des Einwanderers zu Deutschland besondere Berücksichtigung finden« (ebd.).

Unter dem wirtschaftlichen Aspekt verweist ein Autor auf die Migrationspolitik der angelsächsischen Staaten als Vorbild, weil man dort die »Leistungsträger« im Blick habe. »Die Anreize für die Zuwanderung Bildungsferner wird (sic!) dort erschwert, so daß eine Einwanderung in die Sozialsysteme weitgehend unterbunden ist« (Sezession 87, 17).

»Demography is destiniy« wird ein Vertreter der Alt-Right in dem o.g. Aufsatz zitiert, wenngleich mit einer gewissen Distanzierung von der forschen These vom weißen Genozid, aber mit dem Zugeständnis, jener George T. Shaw bringe »den Ernst der Lage« auf den Punkt (Sezession 86, 11). Martin Sellner von den österreichischen Identitären weiß: »Der demographische Winter Westeuropas ist das notwendige Ergebnis seines Nihilismus und seiner Dekadenz« (»Fiume kommt nicht wieder – Demographie und Chancen«, 27.1.2017, sezession.de).

Dass das deutsche Volk nicht zu seiner wirklichen Stärke, zu seiner angemessenen Weltstellung und Identität findet, wird vor allem dem »Schuldkult« angelastet. Kein Wunder, dass für die Rechten schon 1918 bei der Kriegsschuldfrage die Unterwerfungsgesten beginnen. Sogar die Niederlage der deutschen Generäle wird in Zweifel gezogen (Sezession 87, 54).

An die Stelle der Klassengegensätze tritt bei den Identitären *das Gegenüber von »Volk« und »Eliten«* oder auch »Establishment«. Gelegentlich werden die Eliten als »transatlantische Eliten« charakterisiert. Das Volk hat für manche Rechte das Gespür dafür, was gerecht und Recht ist und was für Deutschland bedrohlich ist. Davon abweichend ist man im Kreis um Kubitschek überzeugt, dass es eine geistige Elite braucht, die das Volksbewusstsein weckt. Denn die Masse ist durch die postmoderne Unverbindlichkeit, durch die mediale Verführung und den Konsum stumpf geworden. Die Hoffnung wird gesetzt auf »eine Generation, die genug hat vom reinen Konsum und platten Materialismus, eine Generation mit einer Sehnsucht nach Schicksal und Tiefe, eine Generation, die eine Spur hinterlassen möchte« (»Über Identität«, www.identitaere-bewegung.de).

Zu den postmodernen Verfallserscheinungen gehört für die Identitären auch der Abschied vom Dualismus der zwei authentischen Geschlechter. Die Zukunft soll wieder »echten« Männern und Frauen gehören. In *Compact* (03/19) wird ironisch ein Image-Film der Firma Gillette kommentiert, weil dort Männer nur noch in Softie-Rollen auftreten dürfen.

Diskussion

Zwar möchte die Neue Rechte »jeglichem Rassismus« eine Absage erteilen (»Was heißt für euch eigentlich Identität?«, www.identitaere-bewegung.de), wenn auch manchmal etwas halbherzig. Aber auch wenn das Konzept Rasse zurückgewiesen und stattdessen auf »Volk« und »Kultur« als historische Größen rekurriert wird, so ist der ideologische Effekt dennoch *eine Naturalisierung gesellschaftlicher Verhältnisse*. Denn man will zwar nicht leugnen, dass das deutsche Volk historisch geworden ist, aber es wird ungeachtet dessen – entgegen punktuellen Beteuerungen – als statische Einheit vorgestellt, die sich nur unvermischt in ihrer bisherigen Zusammensetzung weiter entwickeln kann. *Das Gebot der Reinhaltung* ist das zweite ideologische Merkmal. Multikulturalität ist nicht denkbar. »Eine multikulturelle ist notwendigerweise (!) zugleich eine multiethnische Gesellschaft« (Compact 03/19, 64). Weil die unheilvolle Vermischung vermieden werden soll, deshalb ist *der »Ethnopluralismus«* ein zentraler Punkt der Programmatik. »Jedes Volk hat demnach auch das Recht, diese Eigenschaften und Merkmale seiner ethnokulturellen Identität zu bewahren und zu verteidigen« (»Was heißt für euch eigentlich Identität?«, www.identitaere-bewegung.de).

Der Begriff der ethnokulturellen Identität wirft insofern Fragen auf, als der sozialwissenschaftliche Begriff der Ethnie schon kulturelle Spezifika impliziert, über die sich die Ethnie definiert. Die Aussage »Die ethnische und die kulturelle Seite unserer Identität sind dabei für uns gleichwertig« (ebd.), lässt vermuten, dass Ethnien als eine Naturkategorie gedacht werden. Folgende Erklärung bestätigt das: »Während der NS dem ethnischen Teil zu viel Gewicht gab, Volk rein biologistisch interpretierte und fälschlicherweise in der Rasse den alleinigen Schlüssel zur Weltgeschichte erblickte, verfallen die Multikultis genau in das andere Extrem und postulieren, dass es keine verschiedenen Populationen gäbe, sondern nur der kulturelle (und damit auch zum Großteil milieubedingte) Faktor ausschlaggebend sei« (www.identitaere-bewegung.de/blog/ueber-identitaet). Implizit ergibt sich aus dieser Argumentation, dass man »Ethnie« an Stelle von »Rasse« gesetzt hat. Das macht die manchmal halbherzige Distanzierung vom Rassismus verständlich, weil die eigene Ideologie inkonsistent ist.

Der Unterschied zum Rassismus alter Art besteht darin, dass man die Vorstellung einer Rangordnung zwischen den Ethnien aufgegeben hat. Stattdessen das Bekenntnis zur Vielfalt, zum »Recht auf Verschiedenheit« (ebd.). Ethnische Vielfalt würde aber nach Vorstellung der Identitären den nationalen Rahmen sprengen. Vielfalt kann es nur räumlich getrennt geben. Warum das so sein muss, ist unklar, wenn man den hohen Stellenwert der Narrativität in dem schon zitierten Blog bedenkt. Warum sollte eine um Einwanderer ergänzte Nation, die ohnehin schon viele Einwanderungswellen hinter sich hat, nicht auch ihre Geschichte erzählen können. Eine einheitliche Erzählung wird es nie geben können, was auch in dem genannten Blog zugestanden wird: »Erinnerung kann nie allumfassend sein, sie ist stets subjektiv« und selektiv (ebd.). Dass die nationale Narration nicht bloß subjektiv ist, sondern das Ergebnis von geschichtspolitischen Diskursen, besonders in einer Klassengesellschaft, sei nur nebenbei angemerkt. Aber der verleugnete *Essentialismus* in der identitären Vorstellungswelt wird an der im selben Text zitierten Setzung von de Benoist deutlich: »Ein Volk besteht fort dank seiner Narrativität, indem es sich sein Wesen in sukzessiven Deutungen aneignet« (ebd.). Bei aller Selektivität des kollektiven Gedächtnisses gilt es also, sich das »Wesen« des Volkes anzueignen. Die praktische Konsequenz daraus ist die Geschlossenheit und Exklusivität der Nation.

In dem Blog über Identität kündet die Schlusspassage, die im Stil eines Manifests abgefasst ist, allen, die sich als Identitäre verstehen, *ihre historische Aufgabe*: »Die heutige, vom Liberalismus geschaffene westliche Welt ist so anti-identitär. Sie stellt uns Patrioten, Konservativen und Traditionalisten damit eine bohrende Frage, indem sie uns in Frage stellt. Unsere Antwort, unsere Wahrheit, die uns in die Lage versetzen wird, als wir selbst in Europa fortzudauern, wird aufs Ganze gehen müssen und das Ganze umfassen. Die identitäre Bewegung muss sich, in einer ganzheitlichen Weltsicht, das Ethnisch-Kulturelle und das Universal-Transzendente (nicht das Universalistische) zurückerobern und es den Klauen der Moderne entreißen« (ebd.). Den Adressat*innen wird damit umfassende Handlungsfähigkeit suggeriert, die Wiedergewinnung eines Subjektstatus versprochen.

Daraus bezieht diese Ideologie ihre Attraktivität. Sie ist daher keineswegs von bloß akademischem Interesse, auch deshalb nicht, weil sie auf populistische Bewegungen ausstrahlt. Einzelne Elemente wie das indirekte Schüren von Überfremdungsangst durch die Leitkulturdebatte lassen sich in den Mainstreammedien und in der etablierten Politik wiederfinden. Nicht zuletzt kann die Bewegung der identitären Fanatiker oder psychisch Kranke zu extremen »Lösungen« ermuntern, zum Beispiel zu einem Massaker an den Angehörigen eingewanderter Minderheiten wie im Frühjahr 2019 in Neuseeland. Der Mörder hatte vorher Kontakt mit Martin Sellner, dem führenden Kopf der Identitären in Österreich.

Literatur

Anderson, Benedict (1993): Die Erfindung der Nation. Zur Karriere eines erfolgreichen Konzepts. 2. Aufl. Frankfurt/M. u. New York.

Assmann, Jan (1988): Kollektives Gedächtnis und kulturelle Identität. In: Assmann, J. / Hölscher, T. (Hg.), Kultur und Gedächtnis. Frankfurt/M., S. 9-19.

Auernheimer, Georg (1991): Nachdenken über Deutschland als Nation. In: Das Argument 186, S. 227-234.

Auernheimer, Georg (2013) (Hg.): Schieflagen im Bildungssystem. Die Benachteiligung der Migrantenkinder. 5. Aufl. Wiesbaden.

Auernheimer, Georg (2017): »Leitkultur«. Die große Beschwörungsformel. In: Forum Wissenschaft, 34. Jg. H. 3, S. 48-51.

Auernheimer, Georg (2019): Globalisierung. Köln.

Balibar, Étienne (1990): Die Nation-Form: Geschichte und Ideologie. In: Balibar, E. / Wallerstein, I. (Hg.): Rasse, Klasse, Nation. Ambivalente Identitäten. Hamburg, S. 107-130.

Bauer, Otto (1907/1975): Die Nationalitätenfrage und die Sozialdemokratie. In: Werkausgabe, Bd. 1. Wien.

Bauman, Zygmunt (1994): Vom Pilger zum Touristen. In: Das Argument 205, S. 389-408.

Bourdieu, Pierre (1982): Die feinen Unterschiede. Kritik der gesellschaftlichen Urteilskraft. Frankfurt/M.

Bozay, Kemal (2018): Radikalisierung in der Migrationsgesellschaft – Wo liegen die Ursachen ethnisch-nationalistischer Mobilmachung?, 3.5.2018 (https://blog.prif.org).

Bozay, Kemal (2009): »... ich bin stolz, Türke zu sein. Ethnisierung gesellschaftlicher Konflikte im Zeichen der Globalisierung. 2. Aufl. Schwalbach/Ts.

Bringmann, Julia (2017): Strategischer Essentialismus. In: LuXemburg 2-3/17, S. 190-193.

Butterwegge, Christoph (2002): »Globalisierung, Standortsicherung und Sozialstaat« als Thema der politischen Bildung. In: Butterwegge, Ch. / Hentges, G. (Hg.): Politische Bildung und Globalisierung. Opladen, S. 73-108.

Callhoun, Craig (Ed.) (1994): Social Theory and the Politics of Identity. Massachusetts.

Crenshaw, Kimberlé (1989): Demarginalizing the Intersection of Race and Sex: A Black Feminist Critique of Antidiscrimination Doctrine, The Univ. of Chicago Legal Forum, S. 139-167.

Dahn, Daniela (2002): Wenn und Aber. Anstiftungen zum Widerspruch. Reinbek.

Dahn, Daniela (2019): Der Schnee von gestern ist die Sintflut von heute. Die Einheit – eine Abrechnung. 2. Aufl. Hamburg.

Dörre, Klaus (2018): Die Bundesrepublik – eine demobilisierte Klassengesellschaft. In: Z. Zeitschrift Marxistische Erneuerung Nr. 116, S. 40-50.

Eisenberg, Götz (2016): Zwischen Arbeitswut und Überfremdungsangst. Zur Sozialpsychologie des entfesselten Kapitalismus, Bd. 2, Gießen.

Elias, Norbert (1989): Studien über die Deutschen. Machtkämpfe und Habitusentwicklung im 19. und 20. Jahrhundert. Frankfurt/M.

Elias, Norbert / Scotson, John (1990): Etablierte und Außenseiter. Frankfurt/M.

Eribon, Didier (2016): Rückkehr nach Reims. 7. Aufl. Berlin.

Erikson, Erik H. (1973): Identität und Lebenszyklus. Frankfurt/M.

Erikson, Erik H. (1982): Lebensgeschichte und historischer Augenblick. Frankfurt/M.

Ernaux, Annie (2018): Die Jahre. 6. Aufl. Berlin.

Fanon, Frantz (1981): Die Verdammten dieser Erde. Frankfurt/M.

Foroutan, Naika / Kubiak, Daniel (2018): Ausschluss und Abwertung. Was Muslime und Ostdeutsche verbindet. In: Blätter f. dt. u. internat. Politik 7/18, S. 93-102.

Fraser, Nancy (2001): Die halbierte Gerechtigkeit. Schlüsselbegriffe des postindustriellen Sozialstaats. Frankfurt/M.

Fukuyama, Francis (2019): Identität. Wie der Verlust der Würde unsere Demokratie gefährdet. 3. Aufl. Hamburg.

Furedi, Frank (2018): Identitätspolitik: Solidarität war gestern, 5.1.2018 (www.nzz.ch).

Goetz, Judith (2018): Der Kampf der »Identitären« für die Erhaltung ihrer ethnokulturellen Identität. In: Politikum 4/18, S. 38-44.

Goffman, Erving (1996): Wir alle spielen Theater. Die Selbstdarstellung im Alltag. 5. Aufl. München u. Zürich.

Habermas, Jürgen (1993): Anerkennungskämpfe im demokratischen Rechtsstaat. In: Gutman, A. (Hg.) Multikulturalismus und die Politik der Anerkennung. Frankfurt/M., S. 147-196.

Hall, Stuart (1994): Rassismus und kulturelle Identität. Ausgewählte Schriften 2. Hamburg.

Hall, Stuart (2004): Ideologie, Identität, Repräsentation. Ausgewählte Schriften 4. Hamburg.

Handke, Peter (1968): Kaspar. Frankfurt/M.

Haug, Frigga (1981): Männergeschichte, Frauenbefreiung, Sozialismus. Zum Verhältnis von Frauenbewegung und Arbeiterbewegung. In: Das Argument 129, S. 649-664.

Haug, Frigga (1999): Frauenbewegung. In: Historisch-kritisches Wörterbuch des Marxismus, Bd. 4, S. 850-859.

Haug, Frigga (1990): Erinnerungsarbeit. Hamburg.

Haug, Wolfgang F. (1995): Charaktermaske. In: Historisch-kritisches Wörterbuch des Marxismus, Bd. 2, S. 435-451.

Held, Josef u. a. (1992): »Du musst so handeln, dass du Gewinn machst …« Empirische Untersuchungen und theoretische Überlegungen zu politisch rechten Orientierungen jugendlicher Arbeitnehmer. DISS-Texte Nr. 18, 2. Aufl. Duisburg.

Hentges, Gudrun u. a. (2014): Die Identitäre Bewegung Deutschland – Bewegung oder virtuelles Phänomen? Supplement zu Forschungsjournal Soziale Bewegungen 3/14 (www.forschungsjournal.de/fjsb-plus).

Hentges, Gudrun (2018): Die Identitären – eine Bewegung von rechts als Wegbereiterin einer anderen Republik? In: Butterwegge, Ch. u. a.: Auf dem Weg in eine andere Republik? Neoliberalismus, Standortnationalismus und Rechtspopulismus. Weinheim u. Basel, S. 76-97.

Heydorn, Heinz-Joachim (1973): Wilhelm von Humboldt, Bildungstheorie Hegels. In: ders. / Koneffke, G.: Studien zur Sozialgeschichte und Philosophie der Bildung II. Aspekte des 19. Jahrhunderts in Deutschland. München, S. 57-131.

Hobsbawm, Eric J. (1992): Nationen und Nationalismus. Mythos und Realität seit 1780. 2. Aufl., Frankfurt/M. u. New York.

Holy, Michael (1991): Historischer Abriß der zweiten deutschen Schwulenbewegung 1969-1989. In: Roth, R. / Rucht, D. (Hg.), S. 138-160.

Honneth, Axel (1998): Kampf um Anerkennung. Zur moralischen Grammatik sozialer Konflikte. 2. Aufl. Frankfurt/M.

Illouz, Eva (2018): Negative Beziehungen und die Schmetterlingspolitik des Sexes. In: Blätter f. dt. u. internat. Politik 2/18, S. 111-120.

James, Harold (1991): Deutsche Identität 1770-1990. Frankfurt/M. u. New York.

Kern, Thomas (2008): Soziale Bewegungen. Ursachen, Wirkungen, Mechanismen. Wiesbaden.

Keupp, Heiner (1998): Diskursarena Identität: Lernprozesse in der Identitätsforschung. In: ders. (Hg.): Identitätsarbeit heute. 2. Aufl. Frankfurt/M.

Keupp, Heiner u. a. (1999): Identitätskonstruktionen. Das Patchwork der Identitäten in der Spätmoderne. Reinbek bei Hamburg.

Knafla, Leonore / Kulke, Christine (1991): 20 Jahre neue Frauenbewegung. Und sie bewegt sich noch! – Ein Rückblick nach vorn. In: Roth, R. / Rucht, D. (Hg.), S. 91-115.

Köpping, Petra (2018): Ostdeutschland oder das große Beschweigen. In: Blätter f. dt. u. internat. Politik 10/18, S. 41-51.

Krappmann, Lothar (1971): Soziologische Dimensionen der Identität. Stuttgart.

Krause, Kristine (2014): Die Bedeutung von Lokalität für die Teilhabe an multiplen Öffentlichkeiten in einer transnationalen Pfingstkirche. In: Schmitt, C. u. a. (Hg.): Transnationale Öffentlichkeit. Bielefeld, S. 55-79.

Krimmer, Michaela (2009): Evangelikale Kirchen. Lokales Gebet, globale Identität. In: Südwind-Magazin 12/09 (www.suedwind-magazin.at).

Roth, Roland / Rucht, Dieter (Hg.) (1991): Neue soziale Bewegungen in der Bundesrepublik Deutschland. 2., überarb. u. erw. Aufl. Bonn.

Sauer, Dieter (2018): »… damit ich nicht noch weiter abgleite.« Entsicherung, Erschöpfung und Entmenschlichung in der alltäglichen Arbeit. In: LuXemburg 2/18, S. 116-123.

Schiffauer, Werner (1987): Die Bauern von Subay. Das Leben in einem türkischen Dorf. Stuttgart.

Schubert, Volker (1984): Identität, individuelle Reproduktion und Bildung. Probleme eines aneignungstheoretischen Konzepts von Vergesellschaftung als Vereinzelung. Gießen.

Sennett, Richard (2000): Der flexible Mensch. 3. Aufl. Berlin.

Stegemann, Bernd (2018): Die Moralfalle. Für eine Befreiung linker Politik. Berlin.

Tsomou, Margarita (2018): Trotz allem! Einstiege in eine feministische Transformation. In: LuXemburg 2/18, S. 8-13.

Vester, Michael (2008): Klasse an sich / für sich. In: Historisch-kritisches Wörterbuch des Marxismus, Bd. 7/I, Sp. 736-775.

Wallerstein, Immanuel (1990): Die Konstruktion von Völkern: Rassismus, Nationalismus, Ethnizität. In: Balibar, E. / Wallerstein, I. (Hg): Rasse, Klasse, Nation. Ambivalente Identitäten. Hamburg, S. 87-106.

Wensierski, Hans-Jürgen v. / Lübcke, Claudia (2012): »Als Moslem fühlt man sich hier auch zu Hause« – Biographien und Alltagskulturen junger Muslime in Deutschland. Opladen.

Winker, Gabriele / Degele, Nina (2009): Intersektionaliltät. Zur Analyse sozialer Ungleichheiten. 2. Aufl. Bielefeld.

Woltersdorff, Volker (2007): Dies alles und noch viel mehr! – Paradoxien prekärer Sexualitäten. In: Das Argument 273, S. 179-194.

Wuthenow, Ralph-Rainer (1974): Das erinnerte Ich. Europäische Autobiographie und Selbstdarstellung im 18. Jahrhundert. München.

Zaitchik, Alexander / Lord, Christopher (2019): Mit der Bibel für Bolsonaro. In: Blätter f. dt. u. internat. Politik 5/19, S. 112-120.

Zick, Andreas (1997): Vorurteile und Rassismus. Eine sozialpsychologische Analyse. Münster u. a.

Quellen

Kubitschek, Götz: Europa Nostra. Referat am 25.8.2018 in Dresden. www.youtube.com/watch?v=Taz6lf9mOQc.

www.identitaere-bewegung.de/faq/was-heisst-fuer-euch-eigentlich-identitaet

www.identitaere-bewegung.de/blog/ueber-identitaet.

Zeitschrift Sezession 87.

Magazin Compact 09/18 u. 03/19.

Alle Online-Quellen wurden 2019 eingesehen. Die vollständigen URLs liegen Autor und Verlag vor.

Leisewitz, André / Lütten, John (2018): Neue Klassendiskussion. Anmerkungen zur Klassentheorie, Klassenverhältnissen und zur linken Strategiekrise. In: Z. Zeitschrift Marxistische Erneuerung Nr. 116, S. 26-39.

Marx, Karl (1847): Das Elend der Philosophie. Antwort auf Proudhons »Philosophie des Elends«. MEW 4, S. 63-182. [MEW = Marx-Engels-Werke; weitere Bände angeführte Bände: MEW 8, 23, 40]

Marx, Karl (1974): Grundrisse der Kritik der politischen Ökonomie. Berlin (O), 2. Aufl.

Mau, Steffen (2019): Lütten Klein. Leben in der ostdeutschen Transformationsgesellschaft. Berlin.

Mayer-Ahuja, Nicole (2018): Klasse – Vom Elefant im Raum zum Schlüssel politischer Mobilisierung? In: Z. Zeitschrift Marxistische Erneuerung Nr. 116, S. 15-25.

Mecheril, Paul (2004): Einführung in die Migrationspädagogik. Weinheim u. Basel.

Meinfeld, Ole (2017): Identitätspolitik – Facetten einer Debatte, 26.7.2017 (www.boell.de).

Mennell, Stephen (1994): The Formation of We-Images: A Process Theory. In: Callhoun, S. 175-197.

Meyer, Thomas (1989): Fundamentalismus. Aufstand gegen die Moderne. Reinbek b. Hamburg.

Meyer, Thomas (2002): Identitätspolitik. Vom Missbrauch kultureller Unterschiede. Frankfurt/M.

Meyrowitz, Joshua (1998): Das generalisierte Anderswo. In: Beck, U.: Perspektiven der Weltgesellschaft. Frankfurt/M., S. 176-191.

Notz, Gisela (2018): Feminismus. 2., erw. u. aktualisierte Aufl., Köln.

PIT, Projekt Ideologietheorie (1979): Theorien über Ideologie. Argument-Sonderband 40. Berlin.

Raschke, Joachim (1991): Zum Begriff der sozialen Bewegung. In: Roth, R. / Rucht, D. (Hg.), S. 31-39.

Räthzel, Nora (1997): Gegenbilder. Nationale Identität durch Konstruktion des Anderen. Opladen.

Rauterberg, Hanno (2018): Wie frei ist die Kunst? Der neue Kulturkampf und die Krise des Liberalismus. 3. Aufl. Berlin.

Roose, Jochen (2018): Europas Identität machen. In: Politikum 4/18, S. 54-60.

Rosen, Lisa (2011): »In der fünften Klasse, das war dann … wirklich so, dass wir erst mal unter Türken gewesen sind.« Eine biographieanalytische Studie zu Identitätskonstruktionen bildungsbenachteiligter Migrant(inn)en. Berlin.

Roth, Roland (1991): Kommunikationsstrukturen und Vernetzungen in Neuen Sozialen Bewegungen. In: Roth, R. / Rucht, D. (Hg.), S. 261-279.

Roth, Roland / Rucht, Dieter (1991): Die Veralltäglichung des Protests. Einleitende Bemerkungen zur Wahrnehmung der neuen sozialen Bewegungen … In: diess., S. 11-28.